Exam'Pro 2001

Annales corrigées

BAC PRO

MATHÉMATIQUES SCIENCES PHYSIQUES

SECTEUR INDUSTRIEL

Avec la collaboration de J.-C. JUHEL et A. PIPAUD

Delagrave

ISBN 2-206-08234-5

DELAGRAVE Édition - 15, rue Soufflot – 75005 Paris

E-mail : delagrave@delagrave-edition.fr

web : www.delagrave-edition.fr

SOMMAIRE

AVANT-PROPOS

Conseils d'utilisation de ces annales

• L'ensemble des sujets et leurs corrigés proposés dans ces annales ont été choisis afin de donner un **choix aussi complet que possible des épreuves et des thèmes d'épreuves** de fin d'année et vous permettre de **vous tester sur le maximum de compétences exigées par le programme de mathématiques et de sciences physiques**.

• Afin de rendre la préparation à l'épreuve finale aussi efficace que possible, nous vous conseillons **de travailler chaque sujet en profondeur** et de ne pas hésiter, surtout en début de préparation, à passer sur un sujet plus de temps que ce qui est prévu lors de l'examen.

• Il est nécessaire de **rédiger effectivement et complètement les solutions**. Les corrigés sont ici entièrement rédigés mais une rédaction personnelle est nécessaire. Il ne s'agit pas de recopier les réponses mais de les reformuler.

• **Au début de chaque corrigé,** nous donnons **quelques conseils**. Il ne s'agit pas de dresser une liste exhaustive des concepts mathématiques rencontrés dans le problème, mais d'**une suggestion de révision**.

• Nous conseillons aux candidats de **faire relire leurs solutions par un enseignant ou par un camarade**.

• Entraînez-vous à **soigner les graphiques et les schémas** qui sont des éléments de réponses aussi importants que les réponses rédigées. **Réalisez les figures avec les instruments** de traçage : règle, compas, rapporteur.

• Habituez-vous à refaire deux fois les calculs, même s'ils sont faits à la machine.

• Un formulaire, tel qu'il vous sera remis avec l'énoncé, figure en dernière page d'ouvrage. Utilisez ce formulaire autant de fois que cela sera nécessaire.

Conseils pour l'examen

• Lisez tout l'énoncé avant de commencer à répondre.

• Ne perdez pas de temps : les exercices étant indépendants, répondre en priorité aux exercices que vous pouvez traiter.

• Soignez la rédaction et la présentation. La clarté des raisonnements et la qualité de la rédaction interviennent pour une part importante dans l'appréciation des copies.

• L'usage de la calculatrice est autorisé. Entraînez-vous avec celle que vous aurez le jour de l'examen afin de vous familiariser avec tous ses boutons et toutes ses fonctions.

Bon courage, bon travail et meilleurs vœux de succès.

SUJET N° 1

SESSION 1998

SCIENCES PHYSIQUES

Exercice I

BARÈME	
BAC	3 pts

Une moto et son pilote constituent un système mécanique de masse $m = 280$ kg.

1) Dans un premier temps, on effectue un essai à accélération a constante, en ligne droite, sur une piste horizontale.

L'essai, départ arrêté, dure 13,33 secondes.

1.1) Indiquer la nature de ce mouvement.

1.2) Déterminer l'accélération a si la vitesse atteinte en fin de course est de 144 km/h.

2) La moto et son pilote roulent maintenant à vitesse constante. Suite à la vue d'un obstacle, l'ensemble freine et la vitesse passe de 144 km/h à 90 km/h.

2.1) En appliquant le théorème de l'énergie cinétique, calculer le travail W des forces de freinage.

2.2) Sachant que ce freinage s'effectue sur une distance de 40 m, en déduire l'intensité des forces de freinage (supposées constantes).

Exercice II

BARÈME	
BAC	2 pts

L'étude d'un polymère montre que celui-ci est obtenu par enchaînement des molécules de monomère.

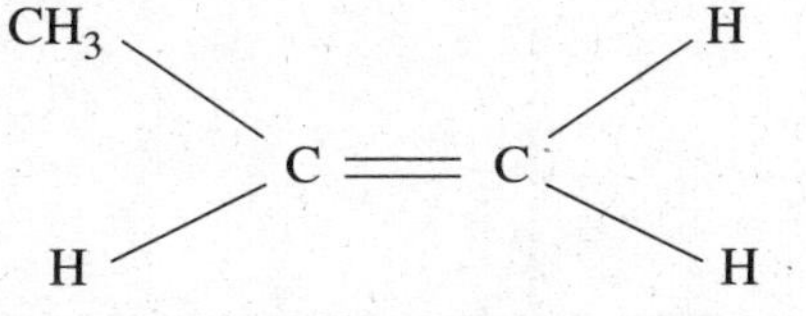

1) Nommer cette molécule en utilisant la nomenclature.

2) Calculer la masse molaire moléculaire de ce monomère.

3) La molécule $CH_3–CH = CH_2$ peut s'additionner à du dihydrogène, dans certaines conditions expérimentales.

3.1) Écrire la réaction.

3.2) À quelle catégorie d'hydrocarbure le produit appartient-il ?
Nommer ce produit.
Données : masses atomiques molaires.

$$M_c = 12 \text{ g/mol} ; \quad M_H = 1 \text{ g/mol}.$$

MATHÉMATIQUES

Exercice I

BARÈME
BAC 4 pts

Soient Z_1 et Z_2, deux nombres complexes tels que :

- Z_1 est le nombre complexe de module 8 dont un argument est $-\dfrac{\pi}{6}$;
- Z_2 est le nombre complexe de module 7 dont un argument est $\dfrac{2\pi}{3}$.

1) Dans le plan muni d'un repère orthonormal $(O ; \vec{u}, \vec{v})$ d'unité graphique 1 cm ci-dessous :

1.1) Construire les points M_1 et M_2 d'affixes respectives Z_1 et Z_2 (laisser apparents les tracés ayant permis ces constructions).

1.2) On considère le vecteur $\overrightarrow{OM_3}$ d'affixe Z_3 tel que : $Z_3 = Z_1 + Z_2$.

1.2.1) Construire le vecteur $\overrightarrow{OM_3}$ (laisser apparents les tracés ayant permis cette construction).

1.2.2) Déterminer par lecture graphique une estimation des coordonnées du vecteur $\overrightarrow{OM_3}$ (laisser apparents les tracés ayant permis de donner ces résultats).

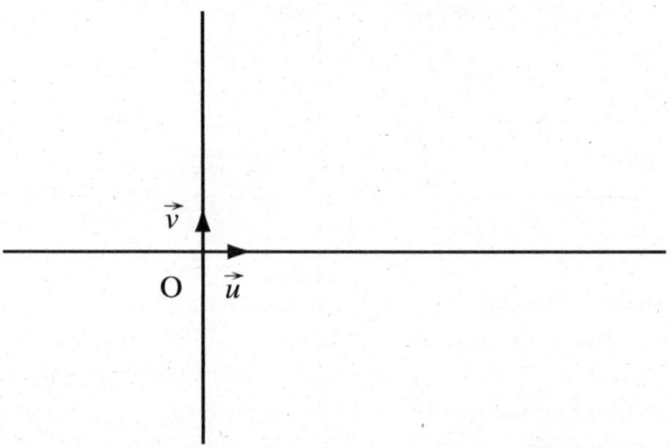

2.1) Donner une écriture algébrique des nombres complexes Z_1 et Z_2.
2.2) Déduire de **2.1)** une écriture algébrique du nombre complexe Z_3.

Exercice II

BARÈME	
BAC	4 pts

1) Sur la figure ci-dessous, dans le plan rapporté à un repère orthonormal (Ox, Oy) d'unité graphique 3 cm, on considère les points A et B ayant respectivement pour coordonnées (− 1 ; 0) et (1 ; 0).
1.1) Placer les points A et B.
1.2) Tracer le cercle $\mathscr{C}$ de diamètre [AB].
1.3) Montrer que l'une des équations du cercle $\mathscr{C}$ est : $x^2 + y^2 = 1$.
1.4) Indiquer quelle est la partie du cercle $\mathscr{C}$ dont une équation est $y = \sqrt{1 - x^2}$.
2) Le signal u est le signal défini sur $\mathbb{R}$ et périodique de période 2 tel que pour tout réel x de l'intervalle [− 1 ; 1] : $u(x) = \sqrt{1 - x^2}$.
2.1) Tracer, en rouge, dans le plan rapporté au repère (Ox, Oy) la courbe représentative du signal u considéré sur l'intervalle [− 2 ; 2].
2.2) Calculer $\int_{-1}^{1} [u(x)]^2 \, dx$.

2.3) En utilisant la réponse donnée à la question **2.1)**, interpréter graphiquement l'intégrale $\int_{-1}^{1} u(x) \, dx$, puis en déduire sa valeur exacte.

2.4) Calculer les valeurs exactes de la valeur moyenne et de l'énergie moyenne du signal u sur l'intervalle [− 1 ; 1].

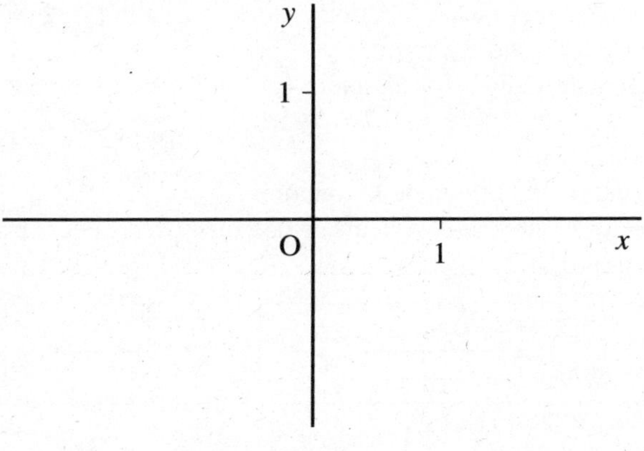

Exercice III

BARÈME	
BAC	7 pts

Un électrofiltre permet d'éliminer les particules véhiculées par un gaz afin de le purifier. La mesure u, en volts, de la tension aux bornes des électrodes de cet électrofiltre et la mesure I, en ampères, de l'intensité moyenne du courant sont liées par la relation :
$u = A \cdot \ln(3I + 6)$ où ln désigne le logarithme népérien.

1) Déterminer la valeur arrondie à l'unité du coefficient A sachant que $u = 92\,802$ pour $I = 1{,}6$.

2) On s'intéresse à la valeur de la tension aux bornes de l'électrofiltre sachant que l'intensité moyenne du courant est comprise entre 1 et 2 ampères. À cet effet, on considère la fonction f définie sur l'intervalle [0,5 ; 2,5] par :

$$x \mapsto 39\,000 \ln(3x + 6).$$

On admet que la fonction dérivée de la fonction h définie sur l'intervalle [0,5 ; 2,5] par $x \mapsto \ln(3x + 6)$ est la fonction h' définie sur l'intervalle [0,5 ; 2,5] par $x \mapsto \dfrac{1}{x+2}$.

2.1) Travail sur les valeurs maximales et minimales prises par la fonction f sur l'intervalle [1 ; 2].
2.1.1) Déterminer le sens de variation de la fonction f (justifier la réponse donnée).
2.1.2) Déduire de la question précédente :
- le minimum G atteint par la fonction f sur l'intervalle [1 ; 2] (donner la valeur exacte et la valeur arrondie à l'unité) ;
- le maximum P atteint par la fonction f sur l'intervalle [1 ; 2] (donner la valeur exacte et la valeur arrondie à l'unité) ;
- la moyenne m de G et P (on donnera la valeur exacte et la valeur arrondie à l'unité).

2.2) Représentation graphique de la fonction f.
2.2.1) Compléter le tableau de valeurs ci-dessous. (Les valeurs prises par f seront arrondies à l'unité).

x	0,5	0,8	1	1,6	2	2,5
$f(x)$	78 581					101 505

2.2.2) On note $\mathscr{C}$ la courbe représentative de la fonction f dans le plan rapporté au repère orthogonal (Ox, Oy) (ci-dessous).

• Calculer le coefficient directeur de la tangente (T_1) à la courbe $\mathscr{C}$ en son point d'abscisse 1 ainsi que le coefficient directeur de la tangente (T_2) à la courbe C en son point d'abscisse 2.

• Sur le repère ci-dessous, tracer (T_1), (T_2) et $\mathscr{C}$.

2.3) Résolution de l'équation d'inconnue x, $f(x) = m$.

Le nombre m est le nombre trouvé à la question **2.1.2)**.

2.3.1) Proposer par une lecture graphique du diagramme de la figure ci-dessous, une évaluation du nombre x_1 tel que $f(x_1) = m$ (laisser apparents les tracés ayant permis de répondre à cette question).

2.3.2) Montrer que l'équation d'inconnue x, $m = f(x)$, est équivalente, sur l'intervalle [0,5 ; 2,5], à l'équation d'inconnue x, $\ln(6\sqrt{3}) = \ln(3x + 6)$. En déduire la valeur exacte et la valeur arrondie à 10^{-2} du nombre x_1 défini à la question précédente.

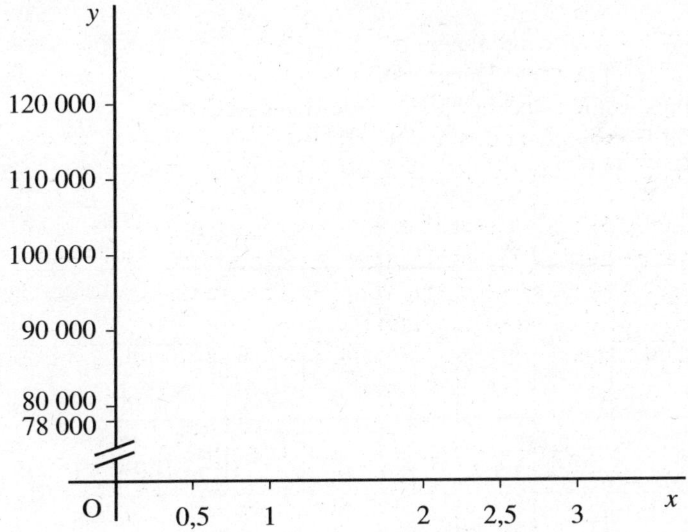

SUJET N° 2

◆ MAVELEC

SESSION 1999

MATHÉMATIQUES

Exercice I – (D'après une étude du signal de commande d'un moteur cabestan).

T désigne le nombre $\dfrac{1}{24\,000}$.

Partie A.

Dans le plan rapporté au repère orthogonal (Ot, Oy) d'unités graphiques 48 000 cm en abscisse et 1 cm en ordonnée, le signal u_1 de la variable t, défini sur $\mathbb{R}$ et périodique de période T, admet comme représentation graphique sur l'intervalle [0 ; T] l'ensemble constitué du segment de droite [AB] et du segment de droite [CD] privé des points C et D tels que :

- le point A a pour coordonnées (0 ; 5) ;
- le point B a pour coordonnées (0,5 t ; 5) ;
- le point C est le projeté orthogonal de B sur l'axe (Ot) ;
- le point D est le point de l'axe (Ot) d'abscisse T.

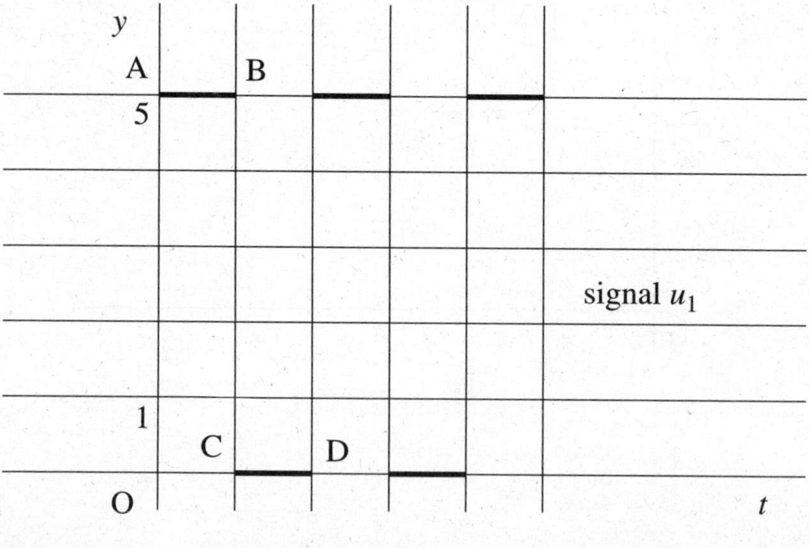

1) Calculer la valeur moyenne m_1 du signal u_1 sur l'intervalle [0 ; T].
On rappelle que la valeur moyenne du signal s sur l'intervalle $[a\ ;\ b]$ est égale à

$$\frac{1}{b-a}\int_a^b s(t)\,\mathrm{d}t.$$

2) Calculer les coefficients de Fourier a_1 et b_1 du signal u_1 périodique de période T sachant que :

$$a_1 = \frac{2}{\mathrm{T}}\int_0^{\mathrm{T}} u_1(t)\cos\left(\frac{2\pi}{\mathrm{T}}t\right)\mathrm{d}t \quad \text{et} \quad b_1 = \frac{2}{\mathrm{T}}\int_0^{\mathrm{T}} u_1(t)\sin\left(\frac{2\pi}{\mathrm{T}}t\right)\mathrm{d}t\ ;$$

(donner les résultats demandés arrondis à 10^{-1}).

Partie B.

1) Soit le signal u_2 de la variable t, défini sur $\mathbb{R}$ et périodique de période T tel que :

$$\begin{cases} u_2(t) = 5 & \text{pour } 0 \leqslant t \leqslant 0{,}4\ \mathrm{T} \\ u_2(t) = 0 & \text{pour } 0{,}4\ \mathrm{T} < t < \mathrm{T} \end{cases}$$

1.1) Sur la figure ci-dessous, tracer dans le plan rapporté au repère (Ot, Oy) la représentation graphique du signal u_2.

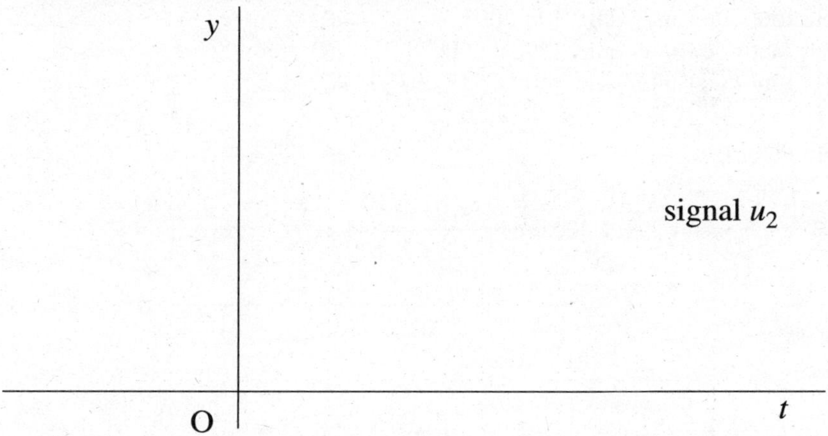

1.2) Calculer la valeur moyenne m_2 du signal u_2 sur l'intervalle [0 ; T].

2) Soit le signal u_3 de la variable t, défini sur $\mathbb{R}$ et périodique de période T tel que :

$$\begin{cases} u_3(t) = 5 & \text{pour } 0 \leqslant t \leqslant 0{,}6\ \mathrm{T} \\ u_3(t) = 0 & \text{pour } 0{,}6\ \mathrm{T} < t < \mathrm{T} \end{cases}$$

2.1) Sur la figure ci-dessous, tracer dans le plan rapporté au repère (Ot, Oy) la représentation graphique du signal u_3.

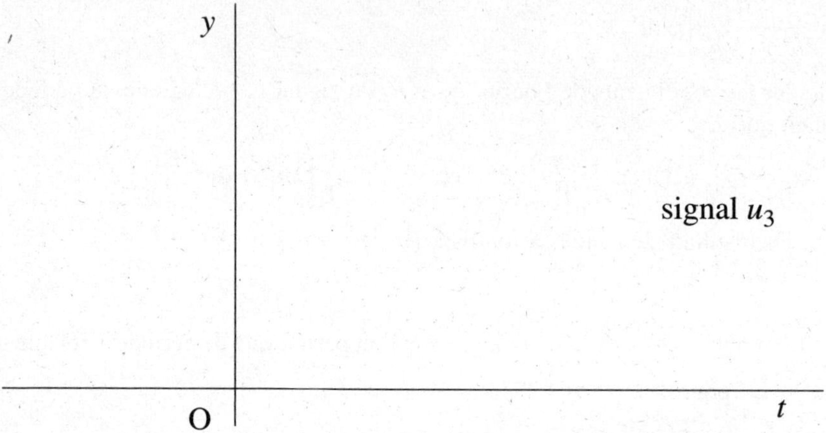

2.2) Calculer la valeur moyenne m_3 du signal u_3 sur l'intervalle [0 ; T].

3) Le signal u est tel que :

pour tout t de l'intervalle [0 ; 200T] $u(t) = u_1(t)$;
pour tout t de l'intervalle [200T ; 600T] $u(t) = u_2(t)$;
pour tout t de l'intervalle [600T ; 1 200T] $u(t) = u_3(t)$.

Sachant que :

$$\frac{1}{1\,200\text{T}}\int_0^{1200\text{T}} u(t)\,\mathrm{d}t = \frac{1}{1\,200\text{T}}\int_0^{200\text{T}} u_1(t)\,\mathrm{d}t + \frac{1}{1\,200\text{T}}\int_{200\text{T}}^{600\text{T}} u_2(t)\,\mathrm{d}t + \frac{1}{1\,200\text{T}}\int_{600\text{T}}^{1200\text{T}} u_3(t)\,\mathrm{d}t$$

et que :

$$\frac{1}{1\,200\text{T}}\int_0^{200\text{T}} u_1(t)\,\mathrm{d}t = \frac{m_1}{6}\ ;\ \frac{1}{1\,200\text{T}}\int_{200\text{T}}^{600\text{T}} u_2(t)\,\mathrm{d}t = \frac{m_2}{3}\ ;\ \frac{1}{1\,200\text{T}}\int_{600\text{T}}^{1200\text{T}} u_3(t)\,\mathrm{d}t = \frac{m_3}{2},$$

calculer la valeur moyenne du signal u sur l'intervalle [0 ; 1 200T] (donner la valeur exacte).

Exercice II – Étude et représentation d'un signal.

On considère le signal s de la variable t défini sur $\mathbb{R}$ par :

$$s(t) = 10 + 9\cos(10\pi t) + \cos(30\pi t).$$

1) Le signal s est la somme des trois signaux élémentaires f, g et h de la variable t définis sur $\mathbb{R}$ respectivement par :

$$f(t) = 10 \ ; \ g(t) = 9\cos(10\pi t) \text{ et } h(t) = \cos(30\pi t).$$

Déterminer la période du signal sinusoïdal g, ainsi que celle du signal sinusoïdal h. Montrer que la période du signal g est aussi une période du signal s.

2) Montrer que le signal s est un signal pair.

3) Montrer que, pour tout nombre t réel, $0 \leqslant s(t) \leqslant 20$.

4) Recopier et compléter le tableau de valeurs suivant :

t	0	0,01	0,02	0,03	0,04	0,05	0,06	0,07	0,08	0,09	0,1
Valeur arrondie de $s(t)$ à 10^{-2}											

5)

5.1) Déterminer le signal dérivé s' du signal s.

5.2) En sachant que, pour tout nombre réel t,

$$\sin(30\pi t) = \sin(10\pi t)\cos(20\pi t) + \sin(20\pi t)\cos(10\pi t)$$

et $$\sin(20\pi t) = 2\sin(10\pi t)\cos(10\pi t),$$

montrer que, pour tout t réel,

$$\sin(30\pi t) = \sin(10\pi t)\cos(20\pi t) + 2\sin(10\pi t)\cos^2(10\pi t)$$

et $$s'(t) = (-30\pi\sin(10\pi t))(2\cos^2(10\pi t) + \cos(20\pi t) + 3).$$

5.3) Vérifier que, pour tout t réel, $(2\cos^2(10\pi t) + \cos(20\pi t) + 3) \geqslant 2$; en déduire que, pour tout t réel, le signe de $s'(t)$ est le même que le signe de $(-\sin(10\pi t))$.

5.4) Pour tout t de l'intervalle $[0 \ ; 0{,}1]$, étudier le signe de $\sin(10\pi t)$.

5.5) Déduire de ce qui précède le sens de variation, sur l'intervalle $[0 \ ; 0{,}1]$, du signal s (justifier la réponse donnée).

6) Dans le plan rapporté à un repère orthogonal (Ox, Oy) d'unités graphiques 50 cm sur l'axe des abscisses et 0,5 cm sur l'axe des ordonnées, représenter graphiquement le signal s considéré sur l'intervalle $[-0{,}1 \ ; 0{,}2]$.

SUJET N° 3

◆ M.S.M.A

SESSION 1999

MATHÉMATIQUES

Exercice I – Équation de droite.

Profil du pare-brise.

BARÈME	
BAC	2,5 pts

1) Dans le repère page suivante, placer les points B (7,5 ; 6) et C (12,2 ; 8,7).
2) Tracer le segment [BC] dans ce même repère.
3) L'équation de la droite (BC) est de la forme $y = ax + b$.
3.1) Déterminer les valeurs de a et b. Donner les résultats arrondis à 10^{-2}.
3.2) Donner l'équation de la droite.

Exercice II – Droite représentative d'une fonction.

1er tracé intermédiaire pour obtenir la représentation du profil du capot.

BARÈME	
BAC	1,5 pt

Soit la fonction f définie sur l'intervalle [1 ; 7,5] par :
$$f(x) = 0{,}03x + 3{,}72.$$
1) Tracer la courbe (C_1) représentative de la fonction f sur l'intervalle [1 ; 7,5] sur le repère page suivante.
2) f est-elle une fonction affine ou linéaire ? Justifier votre réponse.

Exercice III – Étude d'une fonction logarithme.

2e tracé intermédiaire pour obtenir la représentation du profil du capot.

BARÈME	
BAC	5 pts

Soit la fonction g définie sur l'intervalle [1 ; 7,5] par :
$$g(x) = \ln x.$$
1) Utilisation des propriétés de la fonction logarithme.
On donne $\ln 2 = 0{,}693$ et $\ln 3 = 1{,}098$.
Calculer ln 6 à partir de ln 2 et ln 3. On posera le calcul et on donnera le résultat arrondi à 10^{-1}.
2) Donner la dérivée et le tableau de variation de g sur l'intervalle [1 ; 7,5].

3.1) Compléter le tableau ci-dessous. (Donner les valeurs arrondies à 10^{-1}).

x	1	1,5	2	3	5	6	7,5
$g(x)$			0,7	1,1			

3.2) Tracer la courbe (C_2) représentative de la fonction g dans le repère ci-dessous.

Représentation du profil du capot.

4) Le profil du capot est obtenu par la représentation de la somme des fonctions f et g (f étant la fonction définie dans l'exercice II).
À partir des courbes (C_1) et (C_2), construire la courbe (C) représentative de $f + g$ sur le repère ci-dessous.

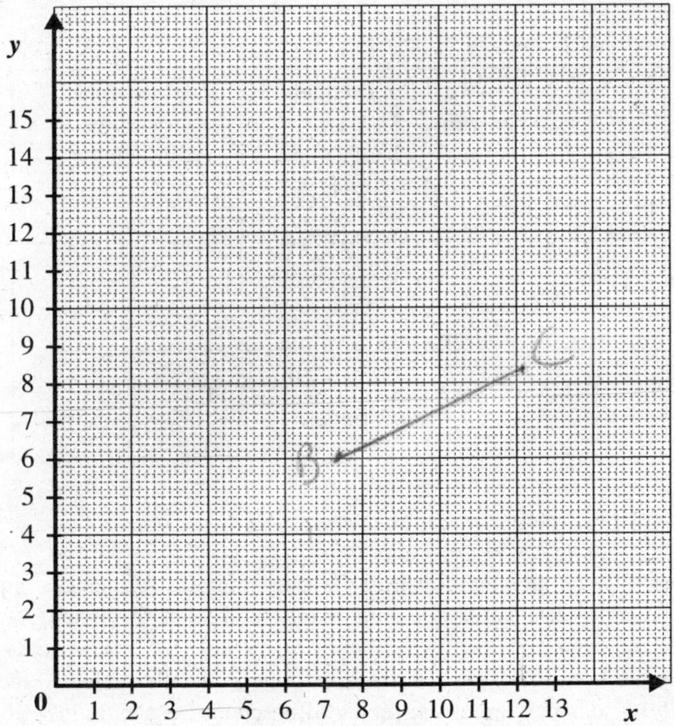

Exercice IV – Étude statistique.

Pour s'installer, une entreprise de nettoyage réalise une enquête pour connaître le temps consacré par semaine au nettoyage de leur voiture auprès d'un échantillon représentatif de 500 personnes.

BARÈME
BAC 4 pts

Durée de nettoyage (min)	Nombre de personnes
[0 ; 10[	57
[10 ; 20[	84
[20 ; 30[	140
[30 ; 40[	72
[40 ; 50[	37
[50 ; 60[	98
[60 ; 70[	12
Total	500

1.1) Compléter le tableau ci-dessous.

Classe	Centre de classe x_i	Nombre de personnes n_i	Fréquence en %	Fréquence cumulée croissante en %	$n_i x_i$
[0 ; 10[	5	57	11,4	11,4	285
[10 ; 20[	15	84	16,8	28,2	1260
[20 ; 30[	25	140	28	56,2	3500
[30 ; 40[		72			
[40 ; 50[		37			
[50 ; 60[		98			
[60 ; 70[		12			
		N = 500			

1.2) Calculer le temps moyen de nettoyage $\overline{x}$.

2) À partir de ce tableau, construire le polygone des fréquences cumulées croissantes de cette série statistique dans le repère de la page suivante.

3) La condition fixée par l'entreprise pour s'installer effectivement est qu'au moins 50 % des personnes de l'échantillon consacrent entre 20 et 60 minutes au nettoyage de leur voiture.
Cette condition est-elle satisfaite ? Justifier votre réponse.

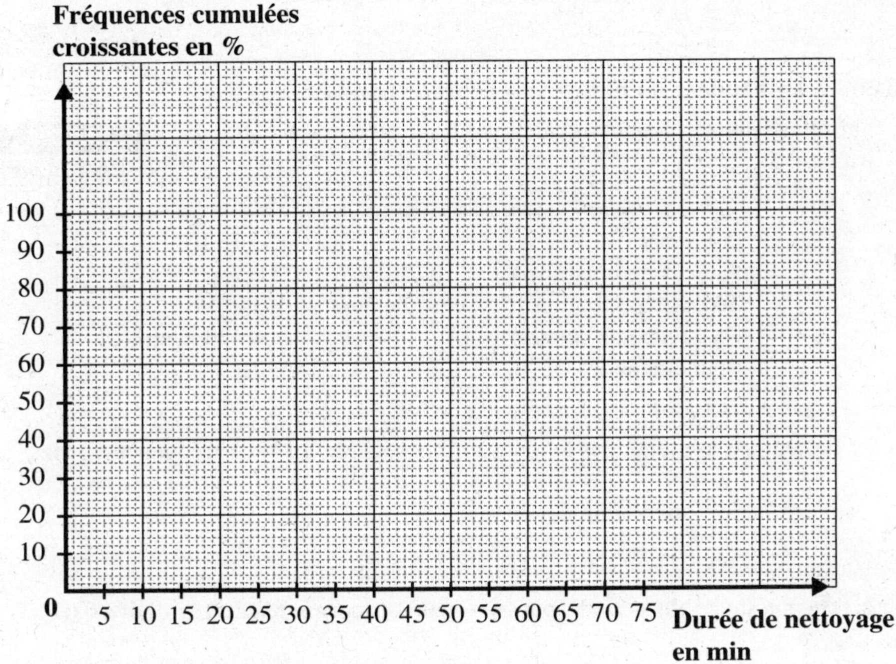

Exercice V – Suite géométrique.

Placement sur compte rémunérateur.

La société de nettoyage dispose d'un capital de 29 400 euros.
Elle place ce capital sur un compte rémunéré à 5,75 % annuel.

Soit U_1 le capital initial, U_2 la valeur acquise au bout d'un an en capitalisant les intérêts, U_3 celle qui est acquise au bout de deux ans.

Les termes U_1, U_2, U_3… forment une suite géométrique.

1) Calculer la raison de cette suite.

2) Calculer U_5. Donner la réponse arrondie à l'unité.

SCIENCES PHYSIQUES

Exercice I – Étude d'un moteur asynchrone triphasé.

On relève sur la plaque signalétique d'un moteur asynchrone triphasé :

BARÈME	
BAC	5 pts

Puissance	: 0,75 kW
Facteur de puissance	: 0,75
Tension aux bornes d'un enroulement	: 380 V
Fréquence de rotation	: 1 470 tr/min
Rendement	: 72 %

Le moteur est alimenté par le réseau triphasé 220/380 V de fréquence 50 Hz.

Dans ces conditions nominales :

1) Calculer :
1.1) la puissance absorbée P_a par le moteur ; donner le résultat arrondi à 0,01 kW ;

1.2) l'intensité I en ligne du moteur ; donner le résultat arrondi à 10^{-1} A ;

1.3) le couple M utile du moteur ; donner le résultat arrondi à 10^{-1} N · m.

2) Le moteur est branché en triangle.
Représenter le schéma du montage.

3) Ce moteur possède quatre pôles. Calculer :
3.1) la fréquence de synchronisme n_s,
3.2) le glissement g du moteur.

On rappelle les formules : $P = \sqrt{3}UI\cos\varphi$
$P = 2\pi n M$

SUJET N° 4

◆ Structures métalliques

SESSION 1999

MATHÉMATIQUES

Les exercices I et II sont indépendants et notés sur 15 points.

Exercice I – Piquage d'évacuation.

L'étude porte sur le tronc de cône qui modélise la partie métallique de l'évacuateur présenté ci-dessous (repère Cône).

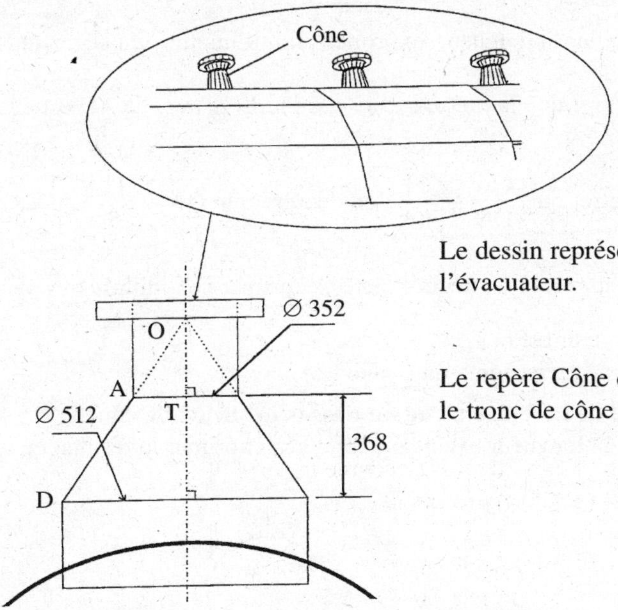

Le dessin représente l'évacuateur.

Le repère Cône désigne le tronc de cône étudié.

Dans tout l'exercice, les cotes sont exprimées en millimètres.
Le but de cet exercice est de calculer les dimensions du rectangle capable dans lequel ce tronc de cône pourrait être découpé d'une seule pièce.
Pour ce faire, il est demandé de répondre aux questions ci-après en se référant aux figures signalées.

1) Étude de la figure : Coupe du tronc de cône.

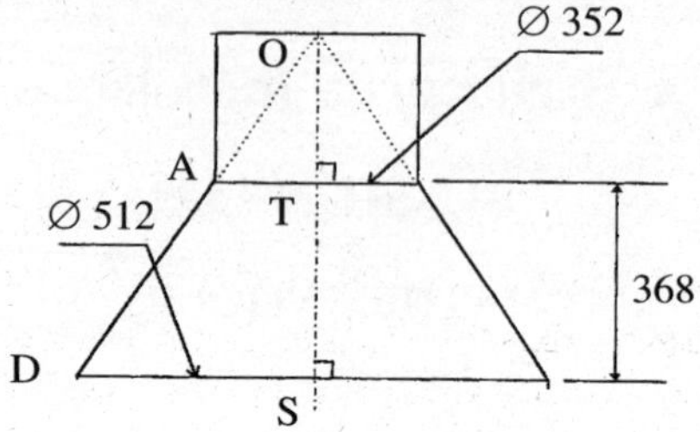

Descriptif : OT est un axe de symétrie de la figure.

1.1) Sur la figure, construire le point A′, projeté orthogonal du point A sur la droite (DS).

1.2) Calculer la longueur, exprimée en millimètres, du segment [DA′].

1.3) Montrer que la mesure exacte, en millimètres, de AD est égale à $\sqrt{141824}$.

1.4) Montrer que $\frac{OA}{OD} = \frac{11}{16}$; en déduire que $OA = \frac{11}{5} \cdot AD$.

1.5) Calculer les longueurs exactes, exprimées en millimètres, des segments [OA] et [OD].

2) Étude de la figure : Vue du dessus du tronc de cône.
Calculer la longueur exacte du cercle C, exprimer le résultat en millimètres.

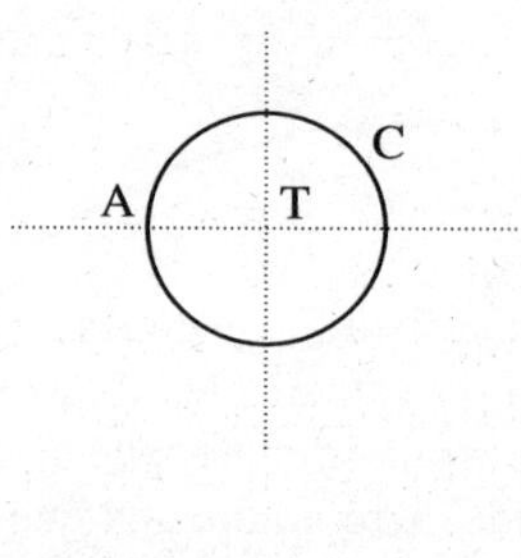

3) Étude de la figure : Développé du tronc de cône.

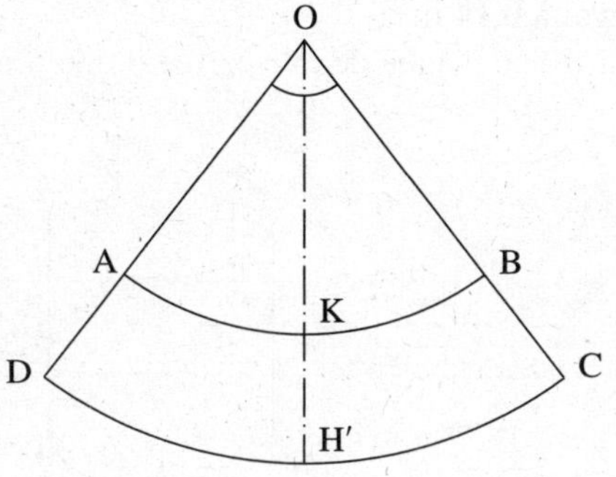

Descriptif :
l'arc AKB est un arc de cercle de centre O et de rayon OA ; sa longueur est égale à celle du cercle C.
OH′ est un axe de symétrie de la figure.

On note α la mesure, en degrés, de l'angle $\widehat{AOB}$ du triangle AOB.
3.1) Calculer en fonction de α la longueur exacte de l'arc de cercle $\overset{\frown}{AKB}$; exprimer le résultat en millimètre.
3.2) En utilisant le résultat obtenu ci-dessus et sachant que la longueur de l'arc de cercle $\overset{\frown}{AKB}$ est égale à la longueur du cercle C, déterminer la valeur arrondie au dixième de α.

4) Étude de la figure : Rectangle capable du tronc de cône.

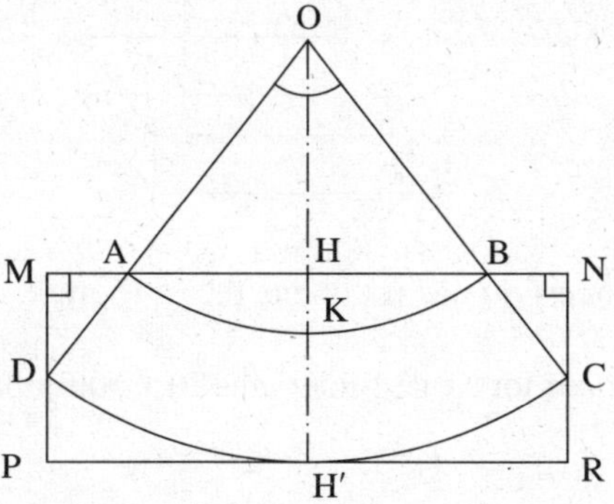

Descriptif :
M est le projeté orthogonal de D sur la droite (AB).
N est le projeté orthogonal de C sur la droite (AB).
(PR) est la droite parallèle à la droite (AB) menée par le point H′.

Dans cette question, sachant que l'angle $\widehat{AOB}$ du triangle AOB mesure 76,5°, que OA = 829 mm et que OD = 1 205 mm :
calculer la longueur exacte du segment [OH]. En déduire la largeur MP du rectangle capable ; en donner la valeur exacte puis la valeur arrondie au millimètre.

Exercice II

Une installation comporte :
– un réservoir cylindrique de volume égal à 0,14 m^3 ;
– un bac de récupération réalisé à partir d'une plaque de tôle carrée d'une profondeur comprise entre 0,1 m et 0,6 m.

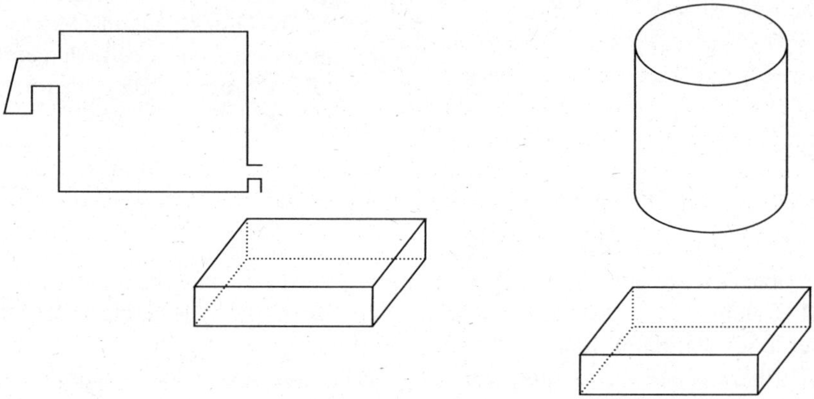

1) On note x la mesure, en mètres, de la profondeur du bac de récupération.

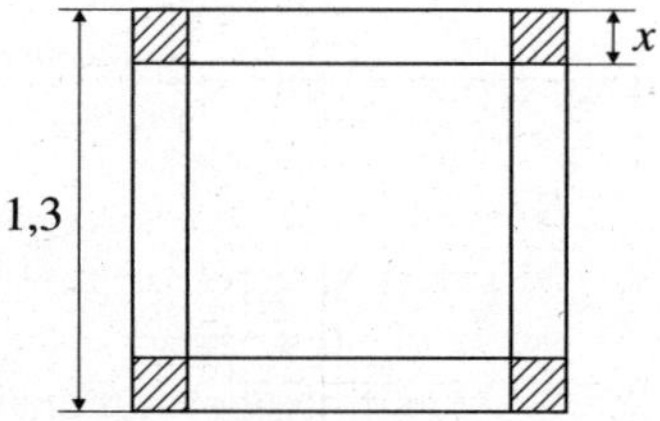

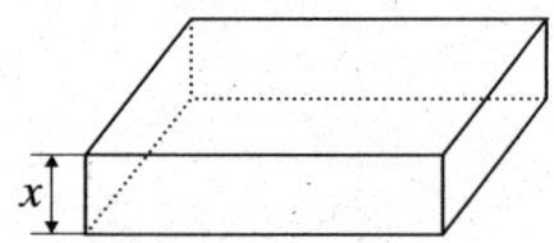

Montrer que le volume V, en mètres cubes, du bac est donné par la formule :
$V = 4x^3 - 5{,}2x^2 + 1{,}69x$.

2) On considère la fonction f, définie pour tout x de l'intervalle [0,1 ; 0,6], par :
$f(x) = 4x^3 - 5{,}2x^2 + 1{,}69x$.

2.1) Compléter le tableau de valeurs suivant :

x	0,1	0,15	0,2	0,25	0,3	0,35	0,4	0,45	0,5	0,55	0,6
$f(x)$											

2.2.1) On note f' la fonction dérivée de la fonction f.
Montrer que, pour tout x de l'intervalle [0,1 ; 0,6], $f'(x) = 12x^2 - 10{,}4x + 1{,}69$.

2.2.2) Déduire du tableau de signes suivant, le sens de variation de la fonction f sur son intervalle de définition [0,1 ; 0,6].

x		13/60		0,65	
$12x^2 - 10{,}4x + 1{,}69$	+	0	−	0	+

2.3) Dans le repère (Ox, Oy) ci-contre :
2.3.1) Tracer la courbe $\mathscr{C}$ représentative de la fonction f.
2.3.2) Par une lecture graphique, à l'aide de $\mathscr{C}$, donner une estimation des valeurs de x pour lesquelles $f(x) = 0{,}14$.
3) En utilisant les résultats obtenus aux questions ci-dessus, indiquer quelles sont les dimensions du bac de récupération qui peut contenir 0,14 m^3 et dont la profondeur est la plus petite possible.

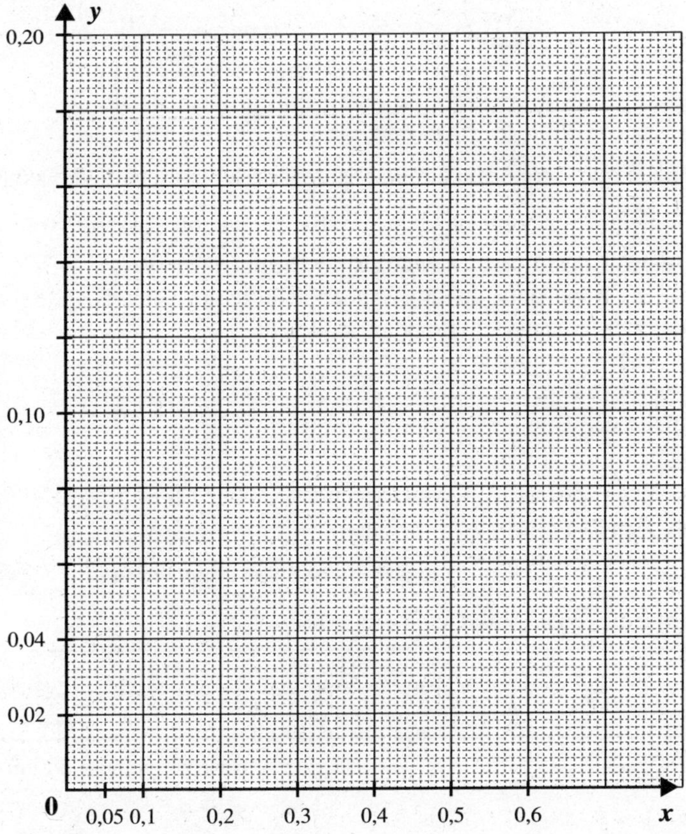

SCIENCES PHYSIQUES

Exercice I – Électricité.

BARÈME	
BAC	2 pts

Un petit moteur électrique M fonctionnant en régime alternatif sinusoïdal de fréquence $f = 50$ Hz est assimilable à un ensemble (R, L) constitué d'une résistance pure R = 50 Ω en série avec une bobine purement inductive d'inductance L = 0,1 H.
Lorsque le moteur fonctionne correctement (régime nominal), la valeur efficace de l'intensité du courant qui le traverse est I = 2 A.

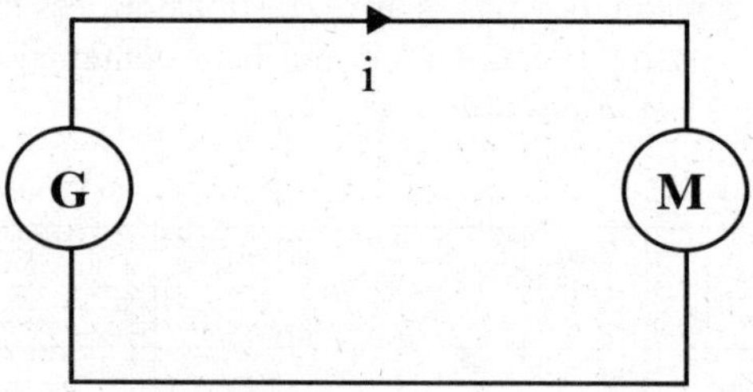

On rappelle que l'impédance d'un appareil est le quotient de la valeur efficace de la tension entre ses bornes à la valeur efficace du courant qui le traverse : $Z = \frac{U}{I}$ et que, dans le cas d'un ensemble (R, L), l'impédance vaut $Z = \sqrt{R^2 + L^2\omega^2}$.

1) Calculer l'impédance du moteur et en déduire la valeur efficace U de la tension du générateur G chargé d'alimenter le moteur.

2) Calculer le facteur de puissance cos φ du moteur ainsi que la puissance P fournie par le générateur au moteur.
On rappelle que $P = U \cdot I \cdot \cos\varphi$ et que $\cos\varphi = \frac{R}{Z}$.

Exercice II – Chimie.

BARÈME	
BAC	3 pts

On donne la classification électrochimique des couples redox :

pouvoir oxydant croissant de l'ion ←

Hg^{2+}/Hg ; Ag^{+}/Ag ; Cu^{2+}/Cu ; H_3O^{+}/H_2 ; Pb^{2+}/Pb ; Sn^{2+}/Sn ; Ni^{2+}/Ni ; Fe^{2+}/Fe ; Cr^{3+}/Cr ; Zn^{2+}/Zn

→ pouvoir réducteur croissant du métal

1) On réalise la pile constituée :
• d'une tige de fer trempant dans une solution aqueuse de sulfate de fer (II) et
• d'une tige de zinc trempant dans une solution aqueuse de sulfate de zinc (II),
les deux solution étant reliées par un pont salin.

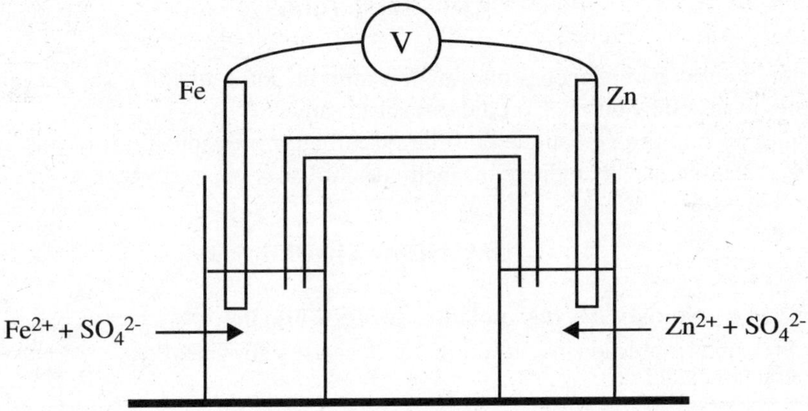

1.1) Écrire les deux demi-équations des couples redox en présence. Préciser le sens dans lequel chaque réaction a effectivement lieu lorsque la pile débite.
1.2) On branche un voltmètre comme indiqué sur la figure.
Préciser la polarité de la pile ; c'est-à-dire le signe + ou − de chacune des électrodes.

2) Les constructeurs automobiles utilisent pour la fabrication des carrosseries des tôles d'acier galvanisées, assimilables à des plaques de fer sur lesquelles une couche de zinc recouvrant toute la surface a été déposée.
2.1) Le zinc empêche-t-il la corrosion du fer ? Pourquoi ? La protection reste-t-elle efficace si, à la suite d'un choc par exemple, la couche de zinc est interrompue ?
2.2) À la place du zinc, on dépose de la même manière une couche de chrome sur une tôle de fer. Le chrome empêche-t-il la corrosion du fer ? Pourquoi ? La protection reste-t-elle efficace si la couche de chrome est interrompue ?
2.3) Mêmes questions pour le nickelage des tôles de fer.

SUJET N° 5

◆ Productique mécanique – Option : usinage

SESSION 1999

De nombreuses campagnes d'information attirent notre attention sur les nuisances sonores et les effets qu'elles produisent sur la santé.
Ce sujet pose la problématique du bruit en milieu professionnel ; il recense les facteurs caractéristiques et indique les méthodes utilisées pour effectuer des mesures.

MATHÉMATIQUES

Exercice I – Statistiques des maladies professionnelles.

BARÈME
BAC 3 pts

On donne le tableau suivant fourni par la caisse nationale d'assurance maladie :

	1982	1983	1984	1985	1986	1987	1988	1989	1990	1991	1992
Maladies constatées	4 395	5 114	5 018	4 611	4 085	3 531	3 972	4 032	4 417	5 080	6 533
Surdités provoquées par les bruits	670	1 296	1 411	1 269	1 052	906	959	738		791	941

1) Compléter le graphique ci-dessous en ayant calculé le pourcentage de surdités par rapport aux maladies professionnelles constatées pour les années 1991 et 1992.

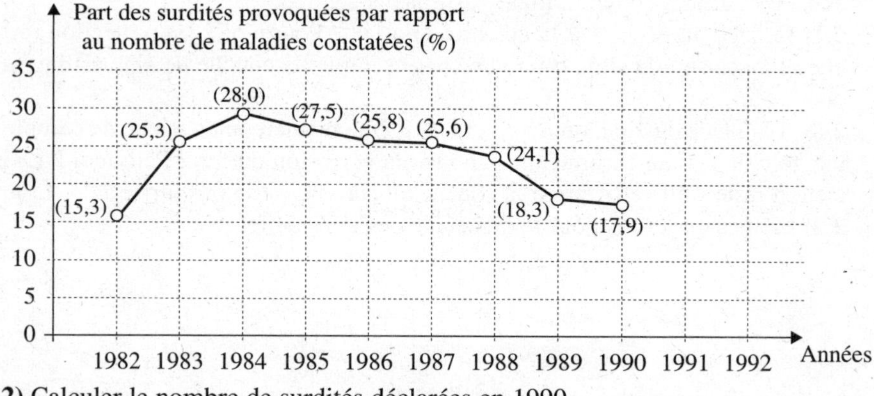

2) Calculer le nombre de surdités déclarées en 1990.

Exercice II - Niveau d'intensité acoustique en fonction de la distance.

BARÈME
BAC 9 pts

Le niveau d'intensité acoustique (ou sonore) L en décibel (dB) dépend de la puissance P en watts de la source sonore et de la distance nous séparant de cette source.

À l'aide d'un sonomètre, on a mesuré ce niveau d'intensité acoustique à différentes distances R d'une machine M_1.

Ce niveau d'intensité sonore est donné par la relation : $L = 120 + 10 \lg \dfrac{P}{4\pi R^2}$, où R est la distance en mètres.

1) Montrer que lorsque $P = 0{,}01$ W, L peut s'écrire : $L = 89 - 20 \lg R$.

2) Pour la suite des questions, on note x la distance séparant la machine M_1 du sonomètre et $f(x)$ le niveau d'intensité sonore.

On étudie la fonction f définie sur l'intervalle $[1\ ;\ 50]$ par : $f(x) = 89 - 20 \lg x$.

On admet que la dérivée f' de la fonction f est telle que : $f'(x) = -\dfrac{8{,}7}{x}$.

Construire le tableau de variation de la fonction f pour x appartenant à l'intervalle $[1\ ;\ 50]$.

3) Compléter le tableau de valeurs suivant (arrondir à l'unité) :

x	1	2	5	10	15	20	30	40	50
$f(x)$									

4) Tracer la courbe représentative $\mathscr{C}$ de la fonction f sur le repère page suivante.

5) Représenter la fonction f pour tout x appartenant à l'intervalle $[1\ ;\ 50]$ sur le repère page suivante (papier semi-logarithmique).

6) Calculer à quelle distance se trouve le sonomètre lorsque celui-ci indique un niveau d'intensité sonore de 77 dB. La distance sera arrondie à l'unité.

7) Vérifier cette valeur sur les représentations graphiques de la page 81 en plaçant les points correspondants et en faisant figurer les traits de rappel.

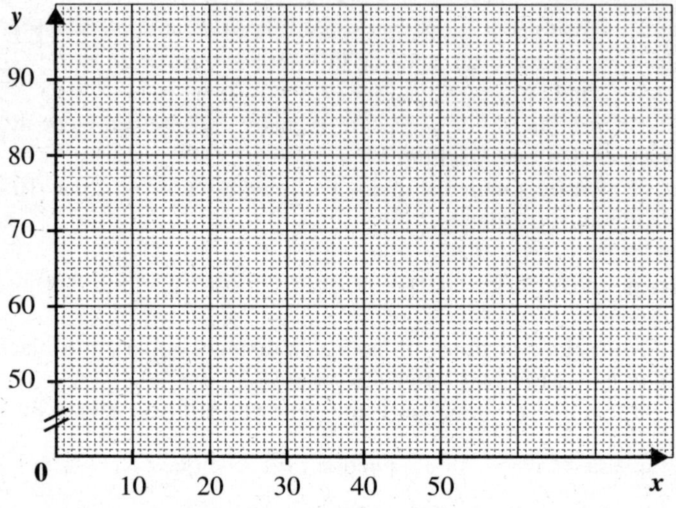
y
90
80
70
60
50
0
10
20
30
40
50
x

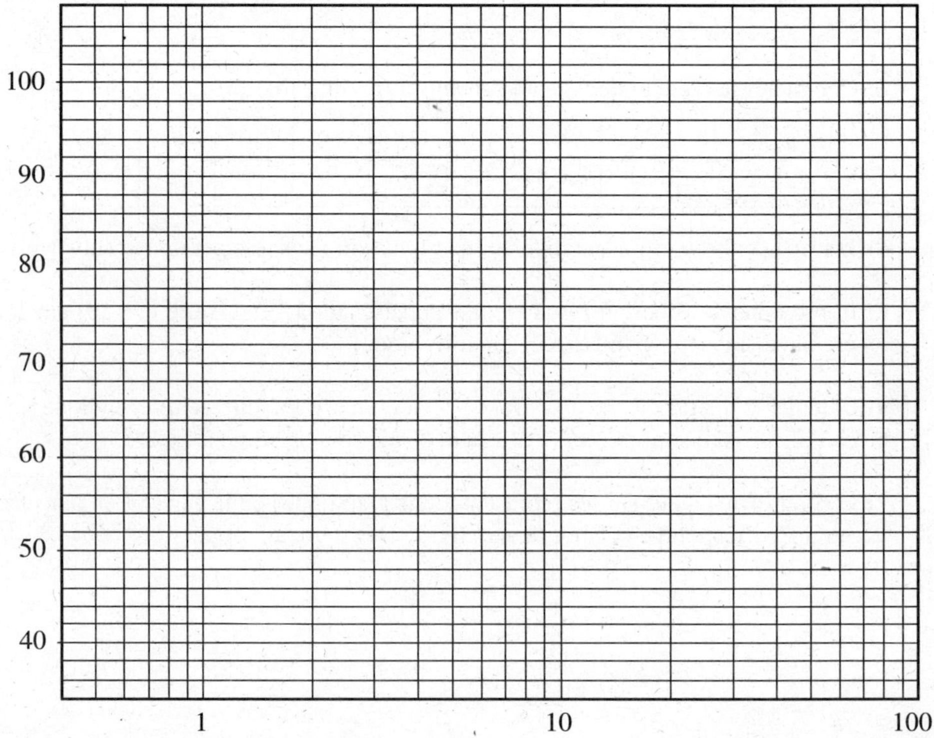
100
90
80
70
60
50
40
1
10
100

Exercice III – Addition de niveaux sonores.

BARÈME
BAC 3 pts

Les niveaux d'intensité acoustique de trois machines ont été mesurés séparément.

Le sonomètre est placé à 2 mètres de chaque machine. Celle notée M_1 produit en fonctionnant seule un son de niveau d'intensité acoustique $L_1 = 83$ dB ; pour M_2 seule, on obtient $L_2 = 77$ dB et pour M_3 seule, on obtient $L_3 = 71$ dB.

Pour obtenir le niveau équivalent à plusieurs niveaux sonores, on ne peut pas les additionner directement ; il faut ajouter au niveau le plus fort une correction donnée par le tableau ci-dessous :

Différence entre 2 niveaux sonores (en dB)	Correction à ajouter au niveau le plus élevé (en dB)	Différence entre 2 niveaux sonores (en dB)	Correction à ajouter au niveau le plus élevé (en dB)
0	+ 3	7	+ 0,78
1	+ 2,54	8	+ 0,63
1,5	+ 2,32	9	+ 0,51
2	+ 2,12	10	+ 0,41
2,5	+ 1,94	12	+ 0,27
3	+ 1,75	14	+ 0,17
4	+ 1,45	16	+ 0,11
5	+ 1,2	18	+ 0,07
6	+ 0,97	20	+ 0,05

Répondre aux questions suivantes concernant le niveau d'intensité acoustique relevé sur le sonomètre :

1) Lorsque les machines M_1 et M_2 fonctionnent en même temps, le niveau d'intensité acoustique mesuré est-il sensiblement égal à :

80 dB ; 84 dB ou 160 dB ?

2) Lorsque la machine M_3 fonctionne en même temps qu'une des deux autres machines, le niveau d'intensité acoustique mesuré est-il sensiblement égal à 83,3 dB.

Quelle est cette autre machine ?

SCIENCES PHYSIQUES

Exercice IV - Interprétation d'oscillogrammes.

BARÈME	
BAC	2,5 pts

Un oscilloscope relié à un microphone fournit l'oscillogramme suivant lorsque la machine M_1, située à 1,5 m du microphone, fonctionne seule.

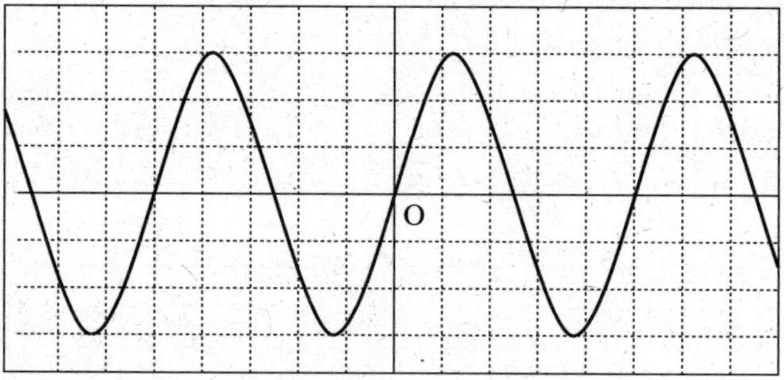

Balayage horizontal : 1 cm pour 0,1 ms.

1) Déterminer la période de ce son en secondes.

2) Calculer la fréquence de ce son.

3) Quelle est la hauteur de ce son ? (grave, médium, aigu) (voir document ci-dessous).

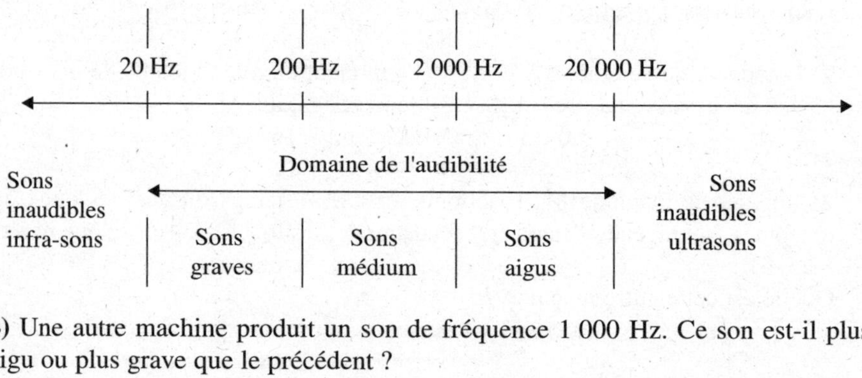

4) Une autre machine produit un son de fréquence 1 000 Hz. Ce son est-il plus aigu ou plus grave que le précédent ?

5) Quel doit être le calibre de balayage de l'oscilloscope pour obtenir à la fréquence de 1 000 Hz une courbe identique à l'oscillogramme précédent ?

5

Exercice V – Les méfaits du bruit.

En utilisant les documents suivants, répondre aux questions :

BARÈME	
BAC	2,5 pts

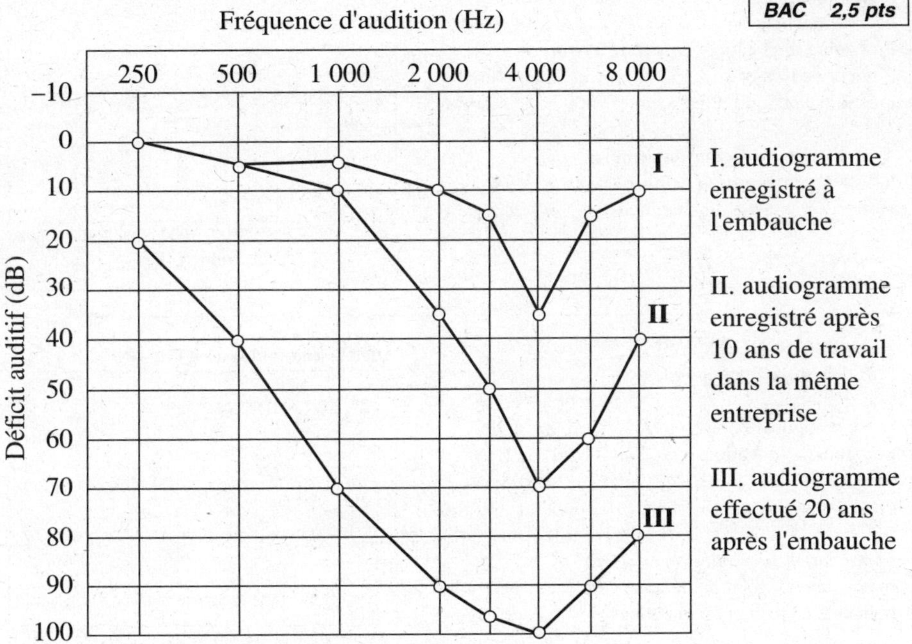

Exemple du déficit auditif
sous l'effet de l'exposition au bruit

1) Selon les audiogrammes, quelle est la fréquence provoquant le plus de dommages à l'oreille humaine lors d'une exposition prolongée au bruit ?
2) Quelles sont les fréquences extrêmes de la bande passante utilisées dans la conversation ?
3) Peut-on participer à une conversation à 1 m en présentant un déficit auditif à 4 000 Hz ?
4) Quel type de casque est le mieux adapté à la protection des oreilles d'un ouvrier travaillant en milieu bruyant ?
5) Représenter sur le document 1, le seuil d'audibilité de l'ouvrier ayant travaillé 20 ans sans protection en milieu sonore.
Les documents utilisées sont extraits de rapports de l'I.N.R.S. (Institut National de Recherche et de Sécurité) ou de la Caisse Nationale d'Assurance Maladie (CNAM).

Casque n° 359-90

Caractéristiques mécaniques :

Masse ....160 g
Force d'application ....11,0 N
Pression d'application ....2 150 N/m² ou (Pa)
Raideur de l'arceau ....35,0 N/m
Prés. d'adapt. à un relief local. 27 400 N/m² (ou Pa)

Appréciation subjective du confort :

Indice de réglage et/ou de mise en place 94
Indice de contact et de maintien 83

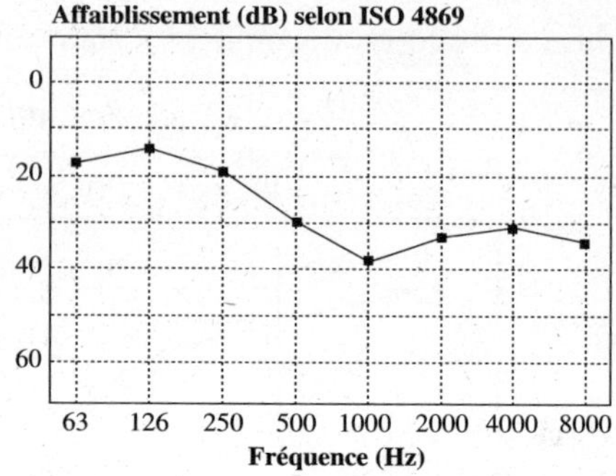

Casque n° 355-90

Caractéristiques mécaniques :

Masse ....177 g
Force d'application ....14,7 N
Pression d'application ....1 840 N/m² ou (Pa)
Raideur de l'arceau ....205,0 N/m
Prés. d'adapt. à un relief local. 14 500 N/m² (ou Pa)

Appréciation subjective du confort :

Indice de réglage et/ou de mise en place 95
Indice de contact et de maintien 92

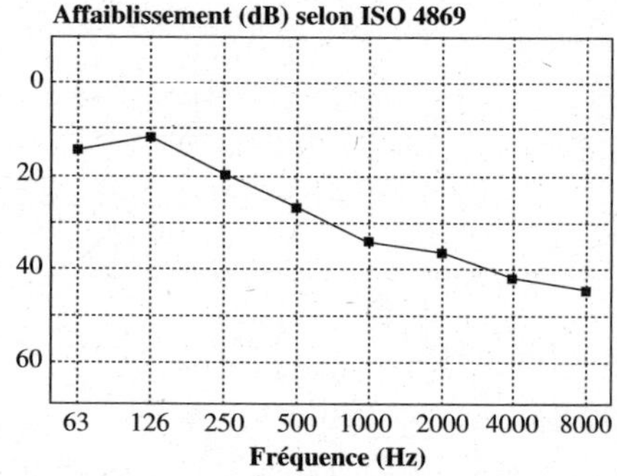

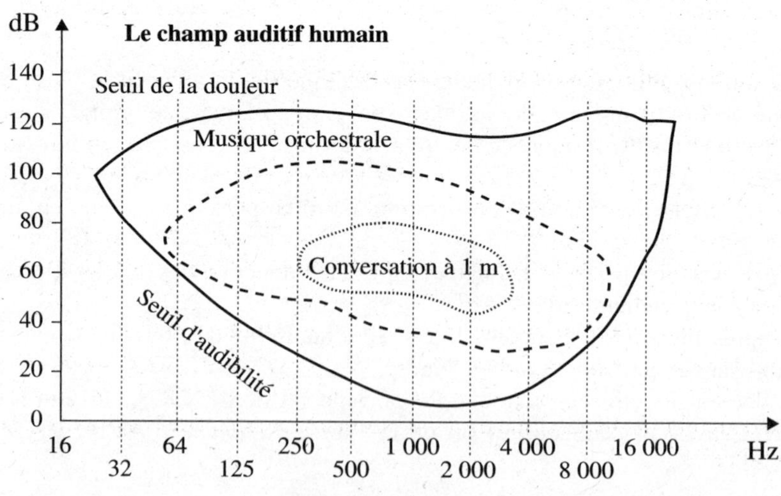

SUJET N° 6

◆ Travaux publics

SESSION 1999

MATHÉMATIQUES

Exercice I

BARÈME	
BAC	6,5 pts

Pour couvrir un toit conique, un couvreur dispose les ardoises en rangs successifs en partant du bas.
La pointe du toit est couverte en zinc.

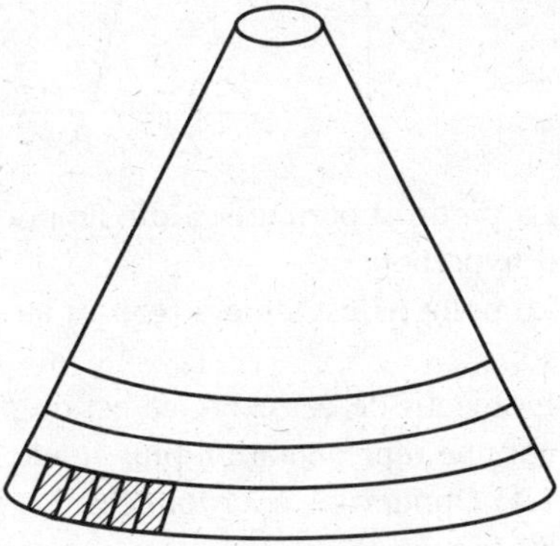

Le nombre d'ardoises nécessaires pour chaque rang est donné par les termes d'une suite numérique (u_n).

Le premier rang comporte :
$u_1 = 213$ ardoises.
Le deuxième rang comporte :
$u_2 = 207$ ardoises.
Le troisième rang comporte :
$u_3 = 201$ ardoises.
Le quatrième rang comporte :
$u_4 = 195$ ardoises
… et ainsi de suite en suivant la même progression.

1) Calculer $u_2 - u_1$, $u_3 - u_2$ et $u_4 - u_3$.
2) Quelle est la nature de la suite (u_n) (arithmétique ou géométrique) ? Préciser la raison de cette suite.
3) Combien, le couvreur, disposera-t-il d'ardoises sur le 22e rang ?
4) Sachant que le dernier rang comporte 9 ardoises, déterminer le nombre total de rangs à mettre en place pour couvrir le toit.
5) Calculer le nombre total d'ardoises nécessaires pour couvrir le toit.
6) Montrer que la somme S_n des ardoises des n premiers rangs a pour expression :

$$S_n = -3n^2 + 216n.$$

7) Le couvreur ne dispose que de 2 000 ardoises, combien de rangs *entiers* pourra-t-il réaliser ?

Exercice II

Le schéma ci-dessous représente un mât et son support.

BARÈME	
BAC	8,5 pts

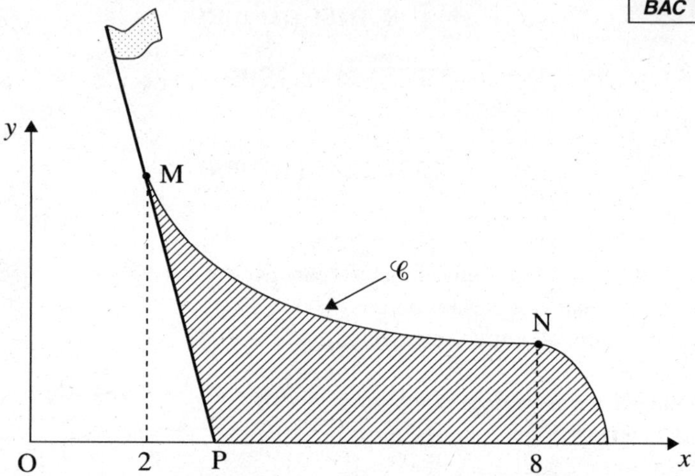

La partie supérieure 𝒞 du support, comprise entre les points M et N, est un arc d'hyperbole.

Le point M est situé à 6,50 m au-dessus du sol et le point N à 2 m au-dessus du sol.

L'objectif de cet exercice est de préciser les éléments de ce schéma et d'en donner une représentation plus fidèle.

1.1) Donner les coordonnées des points M et N dans le repère (Ox ; Oy) (l'unité est le mètre).

1.2) Dans le repère (Ox ; Oy), l'équation de la courbe 𝒞 est de la forme :

$$y = \frac{a}{x} + b.$$

En utilisant les coordonnées de M et de N, déterminer les valeurs de a et de b et donner l'équation de 𝒞.

2) La courbe 𝒞 est la représentation graphique de la fonction f définie sur l'intervalle [2 ; 8] par $f(x) = \dfrac{12}{x} + \dfrac{1}{2}$.

2.1) Compléter le tableau de valeurs suivant (arrondir les valeurs de $f(x)$ à 0,1) :

x	2	2,5	3	4	5	6	7	8
$f(x)$								

2.2) Sur une feuille de papier millimétré représenter graphiquement la fonction f dans un repère orthonormal d'unité graphique 1 cm.

3) Calculer la dérivée $f'(x)$ de la fonction f.

4) Le mât a la direction de la droite (T) tangente à la courbe $\mathscr{C}$ au point M.

4.1) Calculer le coefficient directeur de la droite (T) et déterminer son équation.

4.2) Le mât touche le sol au point P. Calculer les coordonnées de P.

4.3) Sur le graphique réalisé à la question **2.2)**, représenter la droite (T) et le point P.

SCIENCES PHYSIQUES

Les exercices I et II sont indépendants.

Exercice I

La vanne de régulation du collecteur d'un égout est commandée par un moteur qui fonctionne avec du courant alternatif monophasé.
La plaque signalétique du moteur porte les inscriptions suivantes :

$U = 230\text{ V}$; $\cos\varphi = 0{,}88$; $\eta = 0{,}73$; $P_u = 2\text{ kW}$.

1) Calculer la puissance électrique absorbée par le moteur.

2) Quelle est la puissance apparente du moteur ?

3) Calculer l'intensité du courant qui traverse le moteur.

Exercice II

Sur un tronçon d'égout, le collecteur d'eau est une conduite cylindrique horizontale de diamètre intérieure $D_1 = 0{,}46$ m. Après un évasement, le diamètre intérieur de la conduite devient $D_2 = 1{,}2$ m (voir figure ci-dessous).

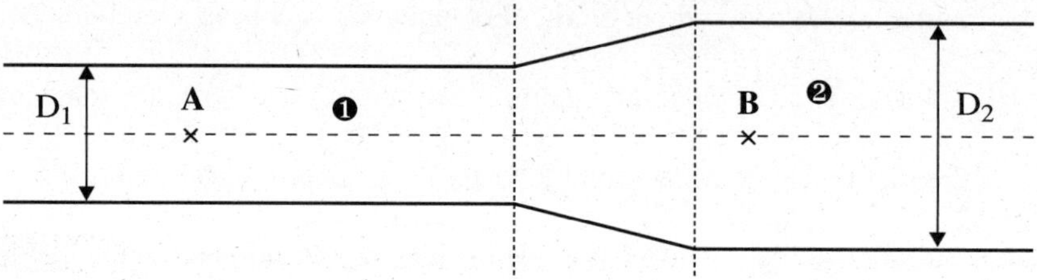

La vitesse d'écoulement de l'eau dans la partie ❶ est $v_1 = 3{,}61$ m/s.

1) Calculer le débit de l'eau dans la conduite (à 10^{-1} m³/s près).

2) Calculer la vitesse v_2 d'écoulement du liquide dans la partie ❷ du collecteur.

3) La pression p_1 au point A de la partie ❶ du collecteur (voir figure ci-dessus) est $p_1 = 2{,}6$ bars. On admet que la masse volumique du liquide est $\rho = 1\,000$ kg/m³. Calculer la pression p_2 au point B de la partie élargie ❷ de la conduite.

Rappel :

– formule du débit : $Q = S \cdot v$

– équation de Bernoulli : $\frac{1}{2}\rho {v_1}^2 + p_1 + \rho\, g\, z_1 = \frac{1}{2}\rho {v_2}^2 + p_2 + \rho\, g\, z_2$

SUJET N° 7

◆ Bois Construction et Aménagement du bâtiment

SESSION 1999

MATHÉMATIQUES

Exercice I

BARÈME	
BAC	9 pts

Le schéma ci-dessous représente le plan simplifié de la salle de séjour d'un chalet de longueur L = 7,2 m et de largeur $\ell = 4$ m. On désire construire dans cette pièce une mezzanine dont les dimensions sont notées x et y (mesures exprimées en mètres).

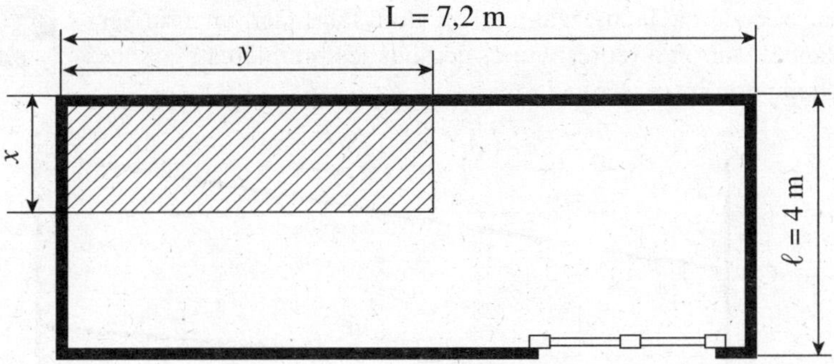

1) Calculer l'aire de la pièce en m^2.

2) Donner un encadrement pour la valeur de x.

3) Donner la relation entre x et y pour que l'aire de la mezzanine soit égale au tiers (1/3) de l'aire totale de la pièce. On exprimera alors y en fonction de x.

Dans la suite du problème, on supposera cette relation vérifiée.

La mezzanine, ouverte sur la pièce par deux côtés, doit être protégée par une balustrade.

La longueur totale de la balustrade, notée $f(x)$, est donnée en fonction de x par la relation :

$$f(x) = x + \frac{9,6}{x} \text{ pour } x \text{ appartenant à l'intervalle } [1\ ;\ 4].$$

4) Calculer la valeur de x arrondie à 0,01 mètre pour que la longueur totale de la balustrade soit égale à 7 mètres.
On remarquera que les solutions de l'équation $x + \frac{9,6}{x} = 7$ sont les solutions de l'équation : $x^2 - 7x + 9,6 = 0$ pour x tel que $1 \leqslant x \leqslant 4$.
5) Calculer la dérivée f' de la fonction f.
6) Résoudre l'équation $f'(x) = 0$. On notera x_0 la solution de cette équation. On donnera la valeur de x_0 arrondie à 0,01 mètre.
7) On admet que pour la valeur x_0 trouvée à la question 6, la fonction f présente un minimum.
Calculer la valeur de ce minimum $f(x_0)$.
8) Pour cette valeur x_0, quelle est la valeur y_0 correspondante ?
Quelle est alors la forme géométrique de la mezzanine ?

Exercice II

BARÈME	
BAC	6 pts

Pour accéder à la mezzanine, on doit fabriquer un escalier balancé dont on a représenté ci-dessous les premières marches (échelle non respectée).

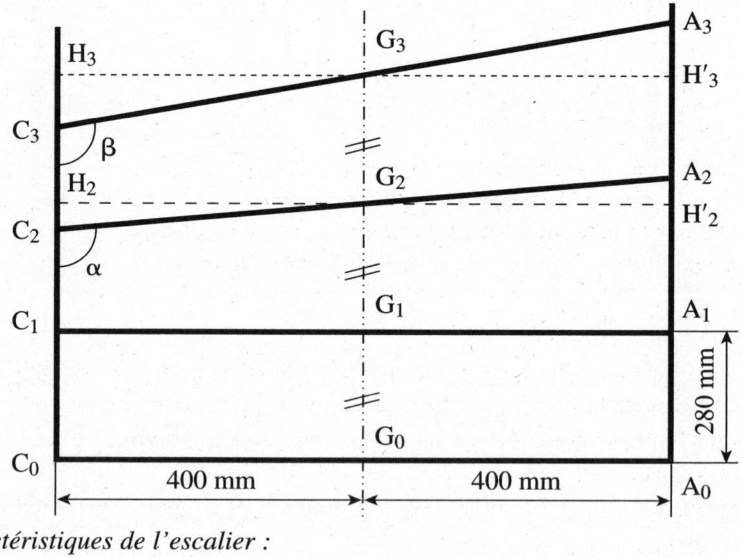

Caractéristiques de l'escalier :
largeur : $C_0A_0 = 800$ mm ;
giron : $G_0G_1 = G_1G_2 = G_2G_3 = \ldots = 280$ mm ;
collets : $C_0C_1 = 280$ mm ; $C_1C_2 = 240$ mm ; $C_2C_3 = 200$ mm.

1) On sait que les collets C_0C_1, C_1C_2, C_2C_3, … sont les termes consécutifs d'une suite arithmétique dont le premier terme est 280.
1.1) Déterminer la raison r de cette suite.
1.2) Déterminer le quatrième terme C_3C_4 de cette suite.
1.3) Déterminer le sixième terme C_5C_6 de cette suite.
2) On désire compléter les données à fournir à la scie à commande numérique.
2.1) Calculer la mesure α de l'angle $\widehat{C_1C_2G_2}$ arrondie au degré.
2.2) Calculer la mesure β de l'angle $\widehat{C_2C_3G_3}$ arrondie au degré.
3) Calculer l'aire en m^2 de chacune des trois premières marches (justifier votre réponse).

SCIENCES PHYSIQUES

Exercice I – Thermodynamique.

BARÈME	
BAC	2 pts

On plonge dans une quantité d'eau de masse $m_{eau} = 300$ g à 18 °C, un bloc de fer de masse $m_{fer} = 155$ g à la température θ.
À l'équilibre, la température du mélange eau-fer est de 22 °C.
On néglige les pertes énergétiques dues au milieu extérieur.
On donne : $E = m \cdot C \cdot \Delta\theta$;
$C_{eau} = 4\,186 \text{ J} \cdot \text{kg}^{-1} \cdot °\text{C}^{-1}$;
$C_{fer} = 460 \text{ J} \cdot \text{kg}^{-1} \cdot °\text{C}^{-1}$.

1) Calculer l'énergie thermique E_1 gagnée par l'eau.
2) Soit E_2, l'énergie thermique perdue par le fer.
2.1) Donner la relation existant à l'équilibre entre E_1 et E_2.
2.2) En déduire la température initiale θ du bloc de fer.

Exercice II – Mécanique.

BARÈME	
BAC	3 pts

Une lame de scie circulaire a une masse de 1,4 kg et un diamètre moyen de 0,24 m ; elle tourne avec une vitesse angulaire constante de 440 rad/s.
1) Calculer la fréquence de rotation en tours par seconde et tours par minute.
2) Calculer son moment d'inertie (on rappelle que le moment d'inertie d'un disque de masse m et de rayon r est $J = \frac{1}{2} mr^2$).
3) Calculer son énergie cinétique.
Rappel : $W = \frac{1}{2} J \cdot \omega^2$.

SUJET N° 8

◆ Maintenance automobile

SESSION 1999

MATHÉMATIQUES

Exercice I - Puissance et couple.

BARÈME
BAC 9 pts

Partie I

Soit f, la fonction définie dans l'intervalle [1 ; 6] par :

$$f(x) = -0{,}622x^3 + 4x^2 + 6{,}65x.$$

1) Compléter le tableau de valeurs suivant :

x	1	2	3	4	5	6
$f(x)$					55,5	49,548

2.1) Calculer $f'(x)$, où f' est la dérivée de la fonction f.
2.2) Vérifier que $f'(5) = 0$.
3) Établir dans l'intervalle [1 ; 6] le tableau de variations de f.
4) Tracer la courbe représentative de la fonction f sur du papier millimétré en prenant :
– pour l'axe des abscisses 1 unité = 2 cm ;
– pour l'axe des ordonnées 10 unités = 2 cm.

Partie II

L'arbre d'un moteur est soumis à un couple dont le moment, M(x), varie en fonction de la vitesse de rotation x.
La puissance, P(x), de ce couple est aussi fonction de x.
On peut considérer, sur l'intervalle [1 ; 6], que $P(x) = f(x)$.
(x est exprimé en milliers de tours par minute, P en cheval et M en newton · mètre).
1)
1.1) Quelle est, d'après la partie I, la vitesse de rotation pour laquelle la puissance est maximale ?
1.2) Quelle est cette puissance maximale ?
2.1) Calculer $u'(x)$, où u est la dérivée de la fonction u' définie, sur [1 ; 6], par :

$$u(x) = \frac{P(x)}{x} = -0{,}622x^2 + 4x + 6{,}65.$$

2.2) A-t-on $u'(5) = 0$?

3) La puissance et le couple sont liés par une relation de la forme :

$M(x) = K \times \frac{P(x)}{x}$, où K est une constante.

Peut-on dire que le couple est maximal quand la puissance est maximale ?

Exercice II - Capacité d'un réservoir.

BARÈME	
BAC	6 pts

Un réservoir a la forme suivante, dessinée en perspective :

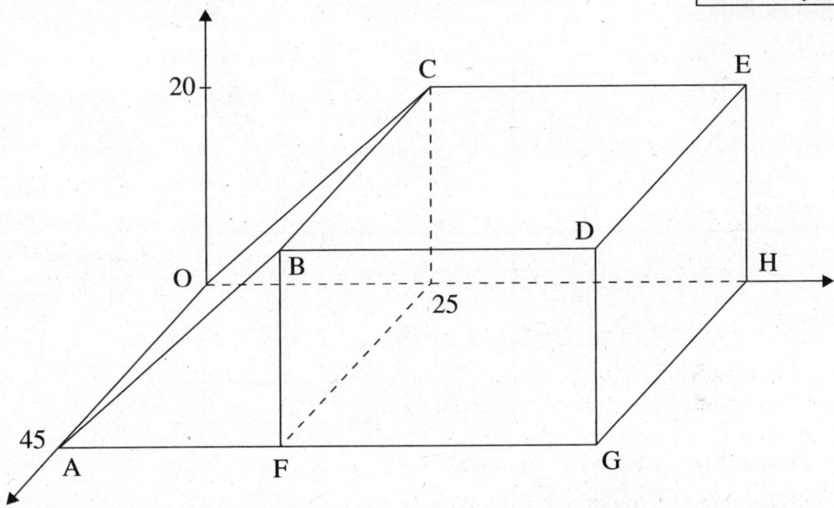

Dans un repère orthonormal d'origine O, où l'unité de longueur est le centimètre, les points A, B et F ont pour coordonnées :

A (45 ; 0 ; 0),
B (45 ; 25 ; 20),
et F (45 ; 25 ; 0).

ABCO, BDEC et AGHO sont des rectangles.

1) Déterminer les longueurs des segments OA, AF, BF, BC.

2) Calculer les coordonnées du vecteur $\overrightarrow{AB}$.

En déduire la longueur AB. (On donnera sa valeur exacte, puis sa valeur arrondie à l'unité).

3) Déterminer la mesure de l'angle $\widehat{BAF}$, arrondie à l'unité, en degrés.

4) On donne la longueur BD = 35.

Calculer l'aire de la face, en forme de trapèze, délimitée par les points A, B, D, G, puis le volume du réservoir en cm^3 et enfin en litres.

SCIENCES PHYSIQUES

Exercice I – Étude de deux tensions alternatives sinusoïdales.

BARÈME	
BAC	5 pts

Sur l'écran d'un oscilloscope deux voies, on visualise deux tensions u_1 et u_2.

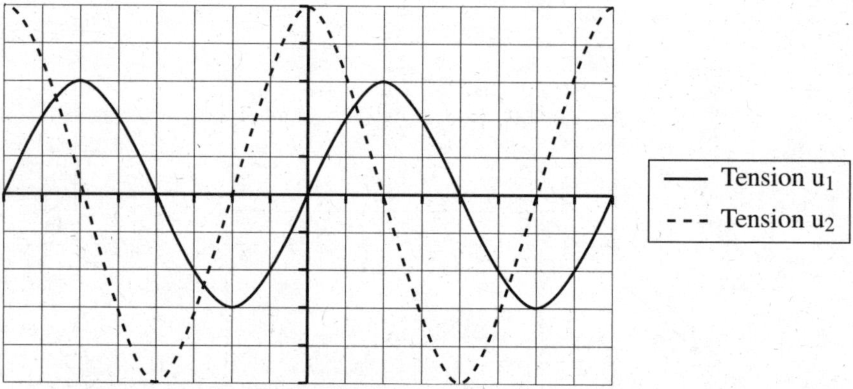

Sensibilité verticale : 5V/division.

Balayage : 2,5 ms/division.

1) À partir des deux oscillogrammes déterminer :
1.1) les amplitudes $U_{1\,max}$ et $U_{2\,max}$,
1.2) les périodes T_1 et T_2.
2) En déduire les valeurs des fréquences f_1 et f_2 et des pulsations ω_1 et ω_2.
3) Mesurer le décalage en temps θ existant entre les deux tensions (en ms).
4) Calculer l'angle de déphasage φ entre les deux tensions.

$$\varphi = \frac{2\pi\,\theta}{T}$$

5) Quelle est la tension qui est en avance de phase sur l'autre ?

SUJET N° 9

◆ Carrosserie – Options : Construction et Réparation

SESSION 1999

MATHÉMATIQUES

Exercice I

On se propose de tracer le contour d'un bloc optique arrière d'automobile dans un repère orthonormal (page suivante).

BARÈME	
BAC	10 pts

Partie I - Fonctions ; Équations.

1) Pour $x \in [0 ; 5]$, le tracé correspond au segment [AB] (voir page suivante). Déterminer l'équation de la droite (AB).

2) Pour $x \in [5 ; 13]$, la courbe représentative de la fonction f définie par :

$$f(x) = -0{,}2x^2 + 3{,}6x - 13$$

sera appelée (P).

2.1.1) Calculer la dérivée f' de la fonction f.

2.1.2) Déterminer x tel que $f'(x) = 0$ et étudier le signe de $f'(x)$ pour $x \in [5 ; 13]$.

2.1.3) Dresser le tableau de variations de f.

2.2.1) Résoudre l'équation : $-0{,}2x^2 + 3{,}6x - 13 = 0$.

2.2.2) Que représentent pour la courbe (P) les solutions de cette équation ?

2.3.1) Établir que le coefficient directeur de la tangente en B (5 ; 0) à la courbe (P) est 1,6.

2.3.2) Construire cette droite.

2.3.3) Que peut-on dire de la droite (AB) et de la tangente en B à la courbe (P) ?

2.4) Compléter le tableau ci-dessous et construire la courbe représentative (P) de la fonction f dans le repère donné (page suivante).

x	5	6	7	8	9	10	11	12	13
$f(x)$									

Partie II - Tracés géométriques (sur le repère ci-dessous).

Construire : – la médiatrice (Δ) du segment [BC],
– le point D symétrique de A par rapport à (Δ),
– les segments [CD] et [AD].

Le contour déterminé par les segments [CD], [DA], [AB] et la courbe (P) est celui d'un bloc optique arrière d'automobile.

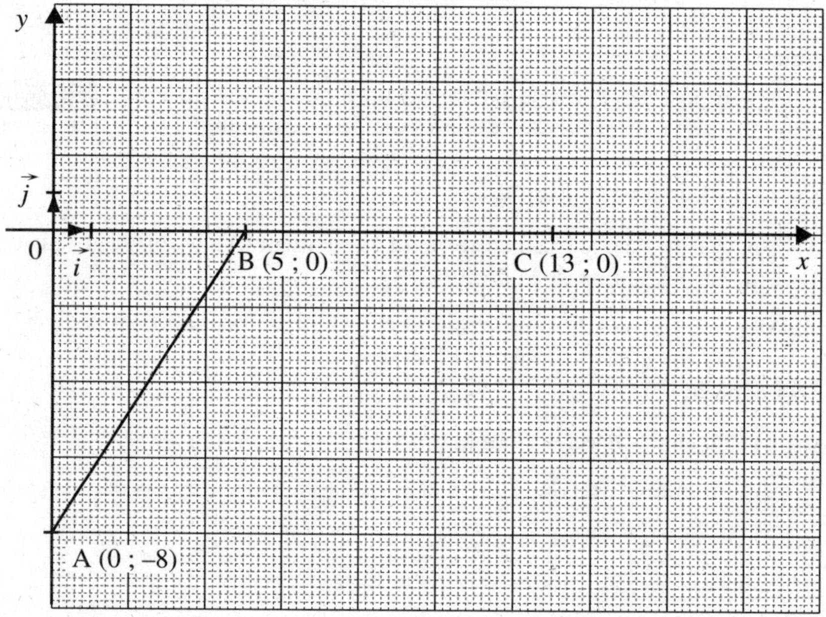

Exercice II

Un siège avant d'une automobile est représenté sur le schéma ci-dessous, dans un repère orthonormal.

BARÈME	
BAC	5 pts

L'unité de longueur est le mm.

Le dossier peut effectuer des rotations autour d'un axe perpendiculaire en I au plan de la figure ; il passe de la position ① à la position ②.

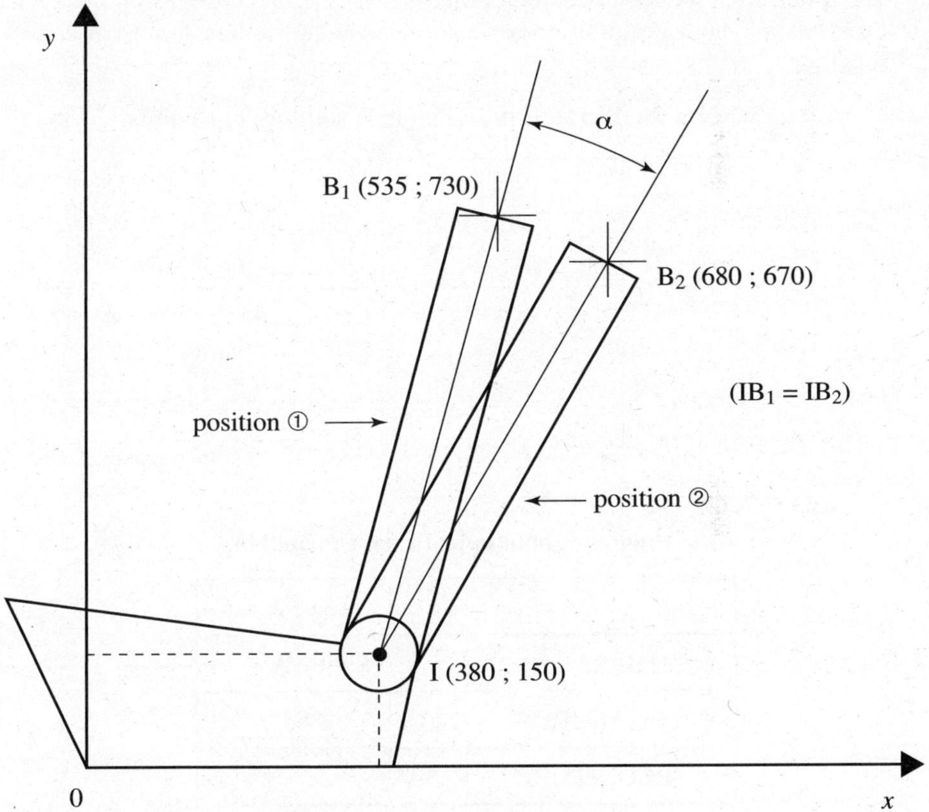

1) Vérifier par le calcul que les coordonnées des vecteurs $\overrightarrow{IB_1}$ et $\overrightarrow{IB_2}$ sont :

$\overrightarrow{IB_1}$ (155 ; 580) ; $\overrightarrow{IB_2}$ (300 ; 520).

2) Vérifier par le calcul que la longueur IB_1 est 600 mm, au mm près par défaut.

3) Calculer, à l'aide des coordonnées des vecteurs, le produit scalaire : $\overrightarrow{IB_1} \cdot \overrightarrow{IB_2}$.

4) Exprimer le produit scalaire $\overrightarrow{IB_1} \cdot \overrightarrow{IB_2}$ en fonction de $\cos \alpha$.

5) Déduire des questions 3 et 4 la valeur de α, au degré près.

SCIENCES PHYSIQUES

Exercice I

La soudure par points est définie comme une soudure sans apport de métal, exécutée sous pression.
Elle utilise l'énergie produite par l'échauffement d'un courant électrique traversant les pièces à souder à l'endroit désiré.
(Voir schéma du dispositif et de la plaque signalétique du transformateur ci-dessous).

Schéma du dispositif utilisé pour la soudure par points

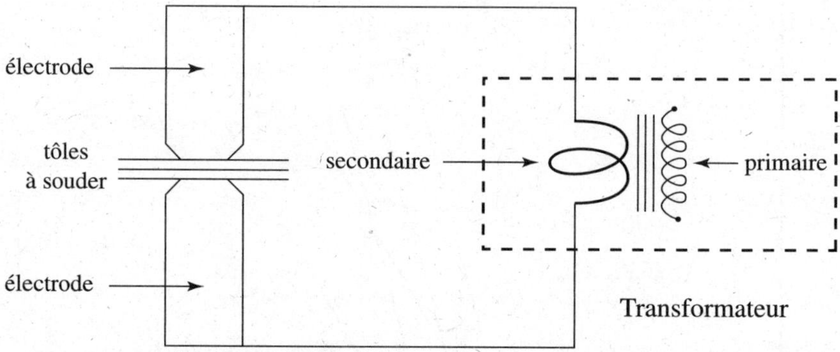

Plaque signalétique du transformateur

			1 PH
50 Hz		5 750 VA	
PRIMAIRE		230 V	
SECONDAIRE		2,3 V	

Notations

U_1 : tension efficace au primaire. U_2 : tension efficace au secondaire.
I_1 : intensité efficace au primaire. I_2 : intensité efficace au secondaire.
La puissance apparente S s'exprime en voltampère (VA).

1.1) Après examen de la plaque signalétique du transformateur, compléter le tableau suivant :

Indiquer la valeur numérique et l'unité	
$U_1 =$	
$U_2 =$	
$S =$	

1.2) Ce transformateur est-il abaisseur ou élévateur de tension ?

2) On donne la relation : $S = U_1 \times I_1 = U_2 \times I_2$.

2.1) Calculer l'intensité du courant I_1.

2.2) Calculer l'intensité du courant I_2.

2.3) Ce transformateur est-il abaisseur ou élévateur d'intensité ?

3) L'énergie calorifique E dissipée par un courant électrique s'obtient par la formule :

$$E = R \times I^2 \times t \quad \begin{cases} E \text{ en J} \\ R \text{ en } \Omega \\ I \text{ en A} \\ t \text{ en s} \end{cases}$$

3.1) Calculer le temps t nécessaire pour effectuer une soudure si :
$E = 156$ J ; $R = 2{,}5 \times 10^{-4}\ \Omega$; $I = 2\,500$ A.

3.2) À quoi sert cette énergie ? (Donner le numéro de la réponse choisie).
① perforer la tôle
② déposer de la soudure sur la tôle
③ faire fondre la tôle entre les deux électrodes
④ vaporiser la tôle

4) La pointe d'électrode est circulaire, son diamètre est 6 mm et l'effort de soudage est de 1 700 N.
Calculer la pression exercée au niveau du contact.

$$p = \frac{F}{s} \quad \begin{cases} F \text{ en N} \\ s \text{ en m}^2 \\ p \text{ en Pa} \end{cases}$$

SUJET N° 10

◆ Énergétique

SESSION 1999

MATHÉMATIQUES

Une denrée alimentaire est placée dans un tunnel de congélation maintenu à -30 °C.

Lorsque cette denrée se déplace dans le tunnel pendant une durée t (en heures), la température à cœur notée θ (en degrés celsius) est donnée par :

$$\theta = \mathrm{C}\,\mathrm{e}^{-kt} - 30,$$

où C et k sont deux constantes réelles.

Exercice I - Détermination de C et de *k*.

BARÈME	
BAC	2 pts

1) Déterminer C sachant que pour $t = 0$, on a $\theta = 5$.

2) Déterminer k sachant que pour $t = 1$, on a $\theta = -23$.
(La valeur de k sera arrondie au dixième).

Exercice II - Étude de la fonction.

BARÈME	
BAC	8 pts

On étudie dans cette partie la fonction f définie sur l'intervalle $\mathrm{I} = [0\ ;\ 3]$ par :

$$f(x) = 35\,\mathrm{e}^{-1{,}6x} - 30.$$

1.1) Calculer la dérivée f' de la fonction f.
1.2) Donner le signe de $f'(x)$ pour x appartenant à I.

2) Construire le tableau de variation de la fonction f sur I.

3) Compléter le tableau suivant (les résultats seront arrondis au dixième).

x	0	0,25	0,5	0,75	1	1,5	2	2,5	3
$f(x)$									

4) Sur une feuille de papier millimétré, construire la courbe représentative $\mathscr{C}$ de la fonction f dans un repère orthogonal d'unités graphiques :
– en abscisse : 1 cm pour 0,25 h ;
– en ordonnée : 1 cm pour 2 °C.

5.1) Déterminer graphiquement le temps nécessaire pour que la température atteigne − 24 °C (les traits de construction devront apparaître sur la figure).
5.2) Résoudre l'équation :

$$35\ e^{-1,6x} - 30 = -24,$$

(on donnera la valeur de x arrondi à 10^{-2}).

6) Le tunnel mesure 100 m de long.
Le tableau ci-dessous donne les choix possibles de vitesses du tapis roulant et les temps de passages correspondants.

v (m/h)	400	200	100	80	57	50
t (h)	0,25	0,5	1	1,25	1,75	2

Quelle est la vitesse maximum que l'on doit choisir pour être certain que les aliments sont − 24 °C ?

Exercice III - Étude statistique.

BARÈME
BAC 3 pts

Dans le tunnel de congélation, un prélèvement de 50 échantillons est effectué et la température à cœur est prise à l'aide d'une sonde.
On obtient le tableau statistique suivant :

Température à cœur en °C	**Nombre de relevés**
[− 25 ; − 24,6[	1
[− 24,6 ; − 24,2[	7
[− 24,2 ; − 23,8[	30
[− 23,8 ; − 23,4[	10
[− 23,4 ; − 23[	2

1) Calculer la moyenne $\overline{x}$ et l'écart type σ de cette série statistique (les valeurs seront arrondies au dixième).

2) Calculer le pourcentage de relevés compris dans l'intervalle $[\overline{x} - \sigma\ ;\ \overline{x} - \sigma]$.

Exercice IV - Étude du compresseur.

BARÈME	
BAC	2 pts

Le compresseur associé au tunnel est un bi-cylindre.
La compression est considérée comme isotherme.
Le travail W d'un des cylindres, pour une compression, est donné par la relation :

$$W = \int_{0,041}^{0,204} \frac{323}{v}\,dv.$$

Calculer W (le résultat sera arrondi à l'unité).

SCIENCES PHYSIQUES

Exercice I

BARÈME	
BAC	2,5 pts

L'heptane est un hydrocarbure de formule brute C_7H_{16}.

1) Écrire la formule développée de l'heptane et du méthyl 2-hexane.

2) Calculer la masse molaire de l'heptane.

3) Écrire et équilibrer l'équation de la réaction de combustion de l'heptane.

Masses molaires atomiques :
Carbone : 12 g/mol.
Hydrogène : 1 g/mol.

Exercice II

BARÈME	
BAC	2,5 pts

Un chauffe-eau électrique possède les caractéristiques suivantes :

Tension d'alimentation : 230 V.
Puissance absorbée : 2 000 W.
Volume d'eau : 150 L.
Température de l'eau à l'entrée : 20 °C.
Température de l'eau à la sortie : 80 °C.
Masse volumique de l'eau : 1 000 kg/m^3.
Capacité thermique massique de l'eau : 4,18 kJ · kg^{-1} · °C^{-1}.

$$Q = m \cdot c \cdot \Delta\theta.$$

1) Calculer l'énergie nécessaire à la mise en température de l'eau contenue dans la cuve.

2) Cette mise en température s'effectue en 6 heures. Calculer la puissance utile du chauffe-eau.

3) Calculer le rendement du chauffe-eau.

SUJET N° 11

◆ Productique mécanique – Option : usinage

SESSION 2000

MATHÉMATIQUES

Cette partie de l'épreuve porte sur certains aspects du processus de fabrication de culasses de pompes hydrauliques dans une entreprise de sous-traitance automobile.

Exercice I – Suivi et contrôle de la production.

BARÈME	
BAC	7,5 pts

L'objectif à atteindre est une cadence de production moyenne de 2 000 pièces par semaine sur 24 mois. On s'intéresse à la phase de montée en charge de la production sur les premières semaines.

Le tableau ci-dessous indique, pour chaque semaine, le nombre de pièces déclarées bonnes au contrôle, ainsi que le nombre de pièces rebutées après contrôle final.

N° semaine	Nombre de pièces déclarées bonnes au contrôle	Nombre de rebuts	N° semaine	Nombre de pièces déclarées bonnes au contrôle	Nombre de rebuts
1	1 325	200	6	1 675	90
2	1 375	175	7	1 700	80
3	1 400	150	8	1 725	70
4	1 575	125	9	1 800	60
5	1 625	100	10	1 900	50

1) Calculer le nombre moyen $\bar{x}$ de pièces déclarées bonnes au contrôle et le nombre moyen $\bar{r}$ de rebuts.

2) *Dans cette question, les résultats seront arrondis au millième.*

Quelle est la probabilité P_1 pour qu'une pièce prise au hasard dans la production de la semaine 1 soit déclarée bonne ?

Quelle est la probabilité P'_1 pour qu'une pièce soit rebutée au cours de cette même semaine 1 ?

Calculer les probabilités correspondantes P_{10} et P'_{10} pour la semaine 10.

Rappel : la probabilité d'un événement est la valeur du rapport :

$$P = \frac{\text{Nombre de cas favorables}}{\text{Nombre total de cas}}.$$

La production n'étant pas encore stabilisée à un niveau suffisant, on veut utiliser les résultats des premières semaines pour prévoir l'évolution à court terme.

3) Tracer sur le graphique ci-dessous le nuage de points représentant la production de pièces déclarées bonnes au cours de ces 10 semaines. (En abscisse : n° de semaine, en ordonnée : nombre de pièces déclarées bonnes au contrôle).

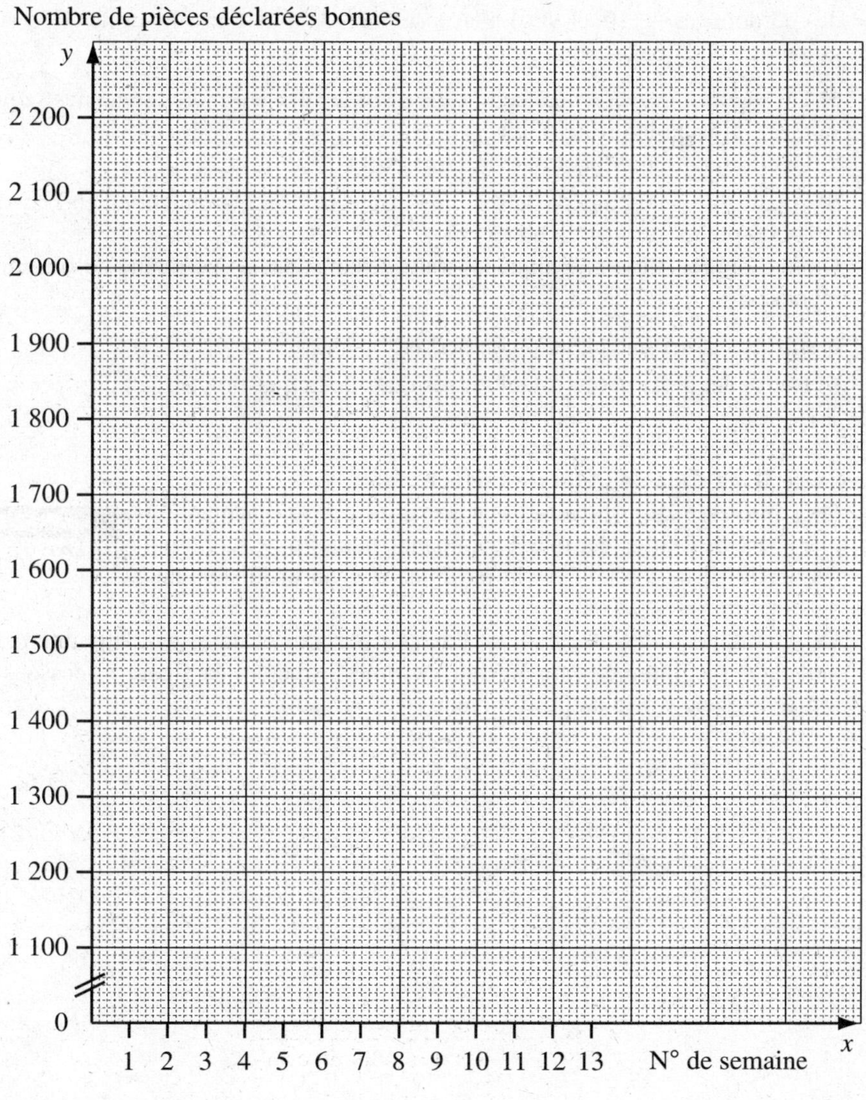

4) Le point moyen G d'un nuage de points est le point de coordonnées (x_G ; y_G), où x_G est la moyenne des abscisses des points du nuage et y_G la moyenne des ordonnées des points du nuage.

a) Déterminer les coordonnées du point moyen G du nuage de points. Placer le pont G sur le graphique.

b) On prend pour droite d'ajustement de ce nuage la droite (GA) où A est le point de coordonnées A (10 ; 1 900). Placer le point A, puis tracer la droite (GA) sur le graphique de la page 49.

5) On suppose que la tendance observée sur les dix premières semaines se poursuit. En utilisant la droite (GA) :

a) Quelle sera la production de la semaine 11 ?

b) À partir de quel numéro de semaine l'objectif d'une production hebdomadaire de 2 000 pièces sera-t-il atteint ?

On fera figurer sur le graphique les traits de construction permettant d'obtenir ces réponses.

6. a) Déterminer une équation de la droite (GA).

b) Retrouver alors par le calcul les résultats de la question **5)**.

Exercice II – Étude de l'état de surface.

BARÈME	
BAC	7,5 pts

On s'intéresse maintenant à l'état de surface de la pièce après une phase de finition sur tour à commande numérique. La rugosité de la surface est liée à la profondeur p du profil obtenu après tournage.

Celui-ci dépend des valeurs a de l'avance par tour et du rayon de pointe r de la plaquette programmées sur le tour, comme le montre la figure ci-dessous qui représente une partie du profil obtenu ($p < r$).

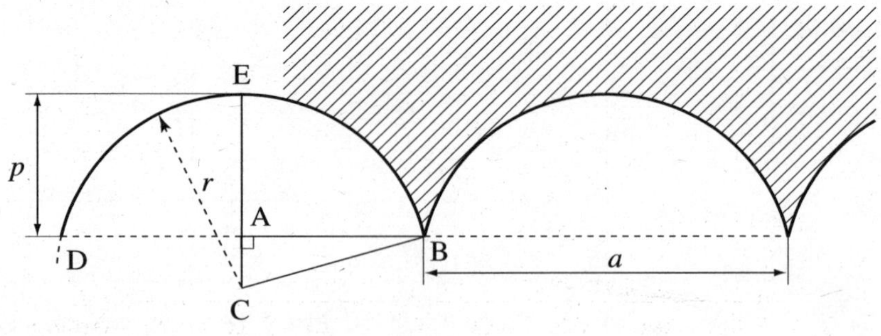

1) C étant le centre de l'arc de coupe $\widehat{DEB}$, exprimer les longueurs BC, AC et AB en fonction de p, a et r. En utilisant le triangle rectangle CAB, montrer que la profondeur de profil p vérifie :

$$p^2 - 2rp + \frac{a^2}{4} = 0.$$

2) *Application* :

a) Écrire la relation précédente pour $r = 1$ mm, $a = 0{,}6$ mm/tr.

b) Résoudre l'équation d'inconnue x : $x^2 - 2x + 0{,}09 = 0$.

c) Donner la valeur de p arrondie à 10^{-3} mm sachant que $p < r$.

3) Dans la pratique, on prend une valeur approchée p_a de p définie par :

$$p_a = \frac{a^2}{8r}.$$

Calculer la valeur de p_a arrondie à 10^{-3} mm pour $a = 0{,}6$ mm/tr et $r = 1$ mm.

Le diagramme ci-dessous présente quelques courbes donnant, pour différentes valeurs du rayon r, la profondeur p_a (en ordonnée) en fonction de l'avance a (en abscisse).

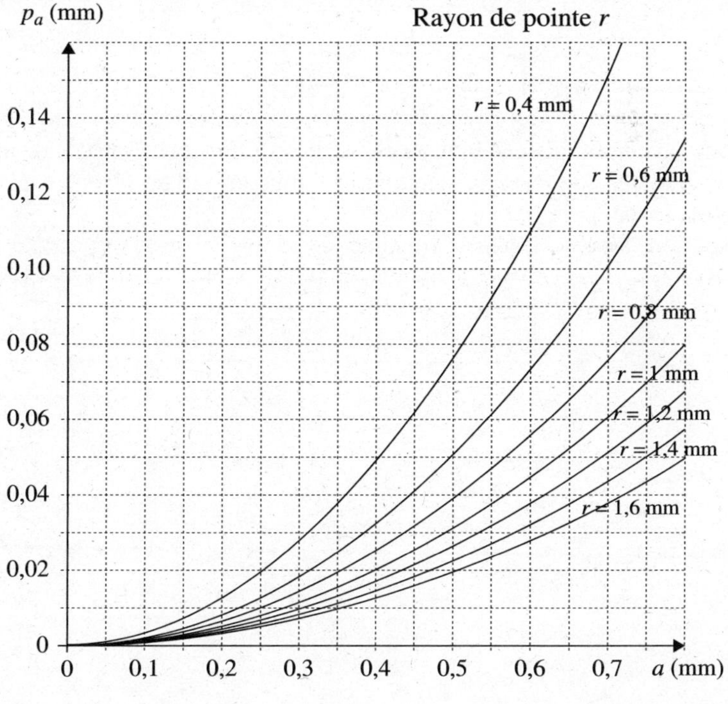

Placer sur ce graphique les points M de coordonnées (0,6 ; p) et N de coordonnées (0,6 ; p_a) représentant les résultats de l'application numérique précédente.
On constate que les points M et N sont proches l'un de l'autre.

4) Relever sur ce diagramme les valeurs de p_a correspondant aux différentes valeurs de r, pour a = 0,5 mm/tr.
Compléter le tableau suivant :

r (mm)	0,4	0,6	0,8	1	1,2	1,4	1,6
p_a (mm)	0,079	0,052		0,031	0,027	0,022	

Lorsque r croît, la profondeur p_a paraît-elle croître ou décroître ?

5) Dans cette question, on note $p(r)$ la valeur de la profondeur de profil en fonction de r pour une avance a = 0,7 mm/tr.
On étudie la fonction p définie sur l'intervalle [0,4 ; 1,6] par $p(r) = \dfrac{0,49}{8r}$.
Compléter le tableau de variation de la fonction p sur l'intervalle [0,4 ; 1,6].

r	
$p'(r)$	
$p(r)$	

6) Après avoir complété le tableau ci-dessous (les résultats seront arrondis au millième), tracer la courbe représentative de la fonction p dans le repère de la page 53.
Échelle : 1 cm pour 0,2 en abscisse,
1 cm pour 0,02 en ordonnée.

r	0,4	0,6	0,8	1	1,2	1,4	1,6
$p(r)$		0,102	0,077	0,061	0,051	0,044	

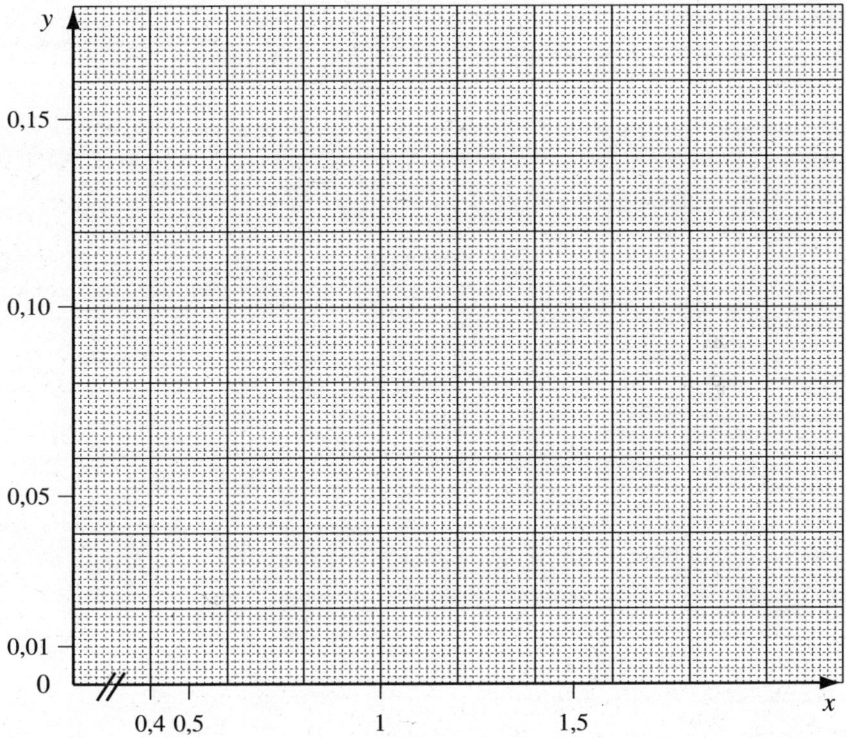

SCIENCES PHYSIQUES

Exercice III

BARÈME	
BAC	5 pts

Première partie

Indiquer la façon dont sont couplées les bobines dans les montages suivants (étoile, triangle, série ou parallèle).

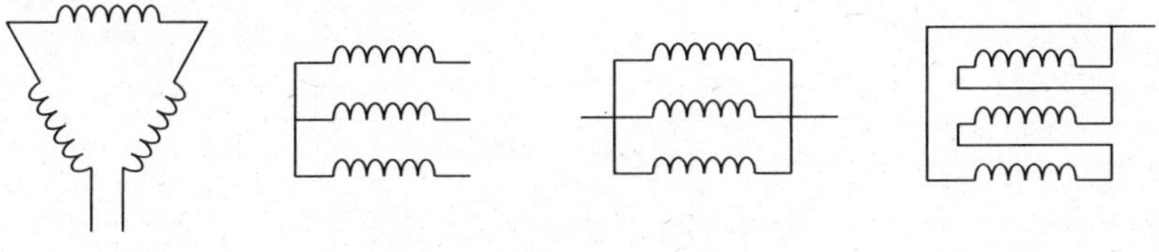

① ② ③ ④

Seconde partie

Notice de conduite et d'entretien tour T400
NIM Tplus

2.5 Connexions électriques :
Les connexions se font sur un réseau alimenté en 230/400 V triphasé et possédant une mise à la terre.
Nota : – On effectuera un branchement fixe le plus direct possible.
– La puissance (apparente) utilisée par le moteur dans les conditions nominales est de : 15 kVA.

ATTENTION
Il faudra s'assurer que le réseau électrique soit équipé d'un disjoncteur courbe D.32 A. S'il existe une protection différentielle, s'assurer que $I_{\Delta n} = 300$ mA.

Sur la plaque signalétique du moteur du tour, les renseignements suivants sont indiqués :
- Couplage triangle U = 400 V (entre deux fils de lignes)
- Facteur de puissance : $\cos \varphi = 0{,}86$
- Rendement : $\eta = 0{,}73$
- Vitesse de rotation nominale : 2 800 tr/min

Après avoir consulté le texte ci-dessus qui reproduit un extrait de la notice d'installation d'un tour et donne des informations sur le moteur,

1) Calculer l'intensité du courant dans un fil de ligne (arrondir à 10^{-1}).

2) En utilisant le triangle des puissances, déterminer :
a) la puissance active P_a du tour,
b) la puissance réactive Q du tour.

3) Calculer la puissance mécanique P_m du tour.

4) Calculer le moment du couple M fourni par le tour (arrondir à 10^{-1}).

5) Sachant que la tension limite de sécurité U_L est de 50 V, quelle doit être la résistance R_A de la prise de terre ? (Arrondir à l'unité).

$$S = UI\sqrt{3}$$

$$\eta = \frac{P_m}{P_a}$$

$$I_{\Delta n} = \frac{U_L}{R_A}$$

$$P_a = UI\sqrt{3}\cos\varphi$$

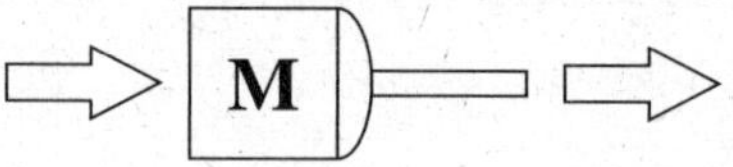

$P_m = 2\pi n M$
n en tours par seconde
M en newtons-mètre

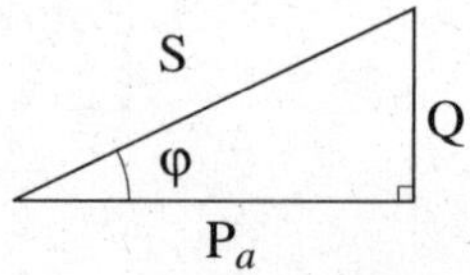

Triangle des puissances

SUJET N° 12

◆ M.A.V.E.L.E.C.

SESSION 2000

MATHÉMATIQUES

Exercice I

BARÈME	
BAC	4 pts

Le nombre complexe j est le nombre complexe de module 1 dont un argument est $\frac{\pi}{2}$.

1) Résoudre dans $\mathbb{R}$ l'équation d'inconnue x, $x^2 + 8x + 32 = 0$.

2) Le nombre z est un nombre complexe.
Factoriser dans $\mathbb{C}$, l'expression $(z + 4)^2 - (4j)^2$
(mettre le résultat sous la forme $(z + \alpha)(z + \beta)$ où α et β sont des nombres complexes).

3) Le nombre z est un nombre complexe.
Développer dans $\mathbb{C}$, l'expression $(z + 4)^2 - (4j)^2$,
(mettre le résultat sous la forme $z^2 + az + b$ où a et b sont des nombres réels).

4) Résoudre dans $\mathbb{C}$, l'équation d'inconnue z, $z^2 + 8z + 32 = 0$.

Exercice II

BARÈME	
BAC	2 pts

On considère la fonction f définie, pour tout nombre réel x, par

$$f(x) = \pi x^2 + 8x + \frac{\pi^3}{6}$$

1) On note f' la fonction dérivée de la fonction f.
Exprimer, pour tout nombre réel x, $f'(x)$.

2) Résoudre dans $\mathbb{R}$ l'équation, d'inconnue x, $2\pi x + 8 = 0$.

3) Compléter le tableau suivant :

x	$-\infty$	$-\frac{4}{\pi}$	$+\infty$
Signe de $f'(x)$		0	
Sens de variation de la fonction f			

4) Indiquer quelle est la valeur (exacte) de x pour laquelle la valeur de $f(x)$ est minimale.

Exercice III

BARÈME	
BAC	14 pts

Le signal u est un signal pair, périodique de période 2π tel que $u(\pi) = \pi$. Ce signal, considéré sur l'intervalle $[-\pi ; \pi]$, a pour représentation, dans le plan rapporté au repère (Ot ; Oy), l'un des trois graphiques présentés ci-dessous.

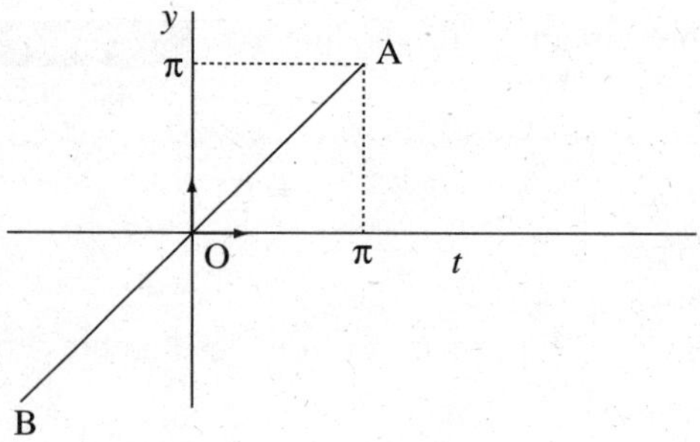

Graphique n° 1 : il est constitué par le segment de droite [AB] où A est le point de coordonnées $(\pi ; \pi)$ et B le point de coordonnées $(-\pi ; -\pi)$.

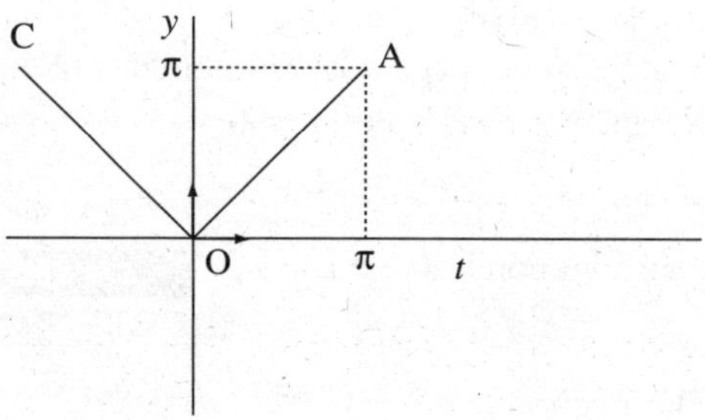

Graphique n° 2 : il est constitué par la réunion des segments de droite [OA] et [OC] où A est le point de coordonnées $(\pi ; \pi)$ et C le point de coordonnées $(-\pi ; \pi)$.

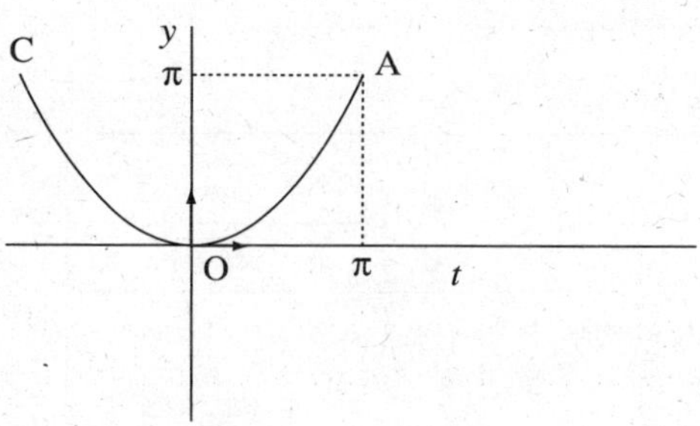

Graphique n° 3 : c'est la représentation graphique dans le plan rapporté au repère (Ot, Oy) de la fonction définie sur $[-\pi ; \pi]$ par $t \mapsto \dfrac{t^2}{\pi}$.

Partie A

Parmi les trois graphiques précédents, indiquer, en justifiant la réponse donnée, ceux qui sont susceptibles de représenter, dans le plan rapporté au repère (Ot, Oy), le signal u considéré sur l'intervalle $[-\pi ; \pi]$.

Pour toute la suite de l'exercice (parties B, C, D), on admet que la représentation, dans le plan rapporté au repère (Ot ; Oy), du signal u considéré sur l'intervalle $[-\pi ; \pi]$ est le graphique numéro 2.

Partie B

1) On considère le graphique n° 2 page 56.
a) Calculer le coefficient directeur de la droite (OA).
b) Déterminer une équation de la droite (OA).

2) a) Exprimer, pour tout nombre réel t de l'intervalle $[0 ; \pi]$, $u(t)$ en fonction de t.
b) Compléter le graphique numéro 2 de sorte que, dans le plan rapporté au repère (Ot, Oy), il représente le signal u considéré sur l'intervalle $[-\pi ; 3\pi]$.

3) La valeur moyenne $\bar{u}$ du signal u sur l'intervalle $[-\pi ; \pi]$ est égale à $\dfrac{1}{2\pi}\displaystyle\int_{-\pi}^{\pi} u(t)\,dt$.

a) Hachurer sur le graphique numéro 2, la portion du plan dont l'aire, exprimée en unités d'aire, est égale à $\displaystyle\int_{-\pi}^{\pi} u(t)\,dt$.

b) Vérifier, en utilisant le résultat précédent, que $\bar{u} = \dfrac{\pi}{2}$.

4) On appelle énergie transportée par le signal u sur l'intervalle $[-\pi ; \pi]$, le nombre E(u) tel que : $E(u) = \displaystyle\int_{-\pi}^{\pi} (u(t))^2\,dt$.

a) Parmi les deux propositions suivantes, indiquer celle qui est vraie ; justifier la réponse donnée.
Proposition n° 1 : « Pour tout nombre réel t de l'intervalle $[-\pi ; 0]$, $u(t) = t$ ».
Proposition n° 2 : « Pour tout nombre réel t de l'intervalle $[-\pi ; 0]$, $u(t) = -t$ ».

b) Vérifier que $E(u) = \displaystyle\int_{-\pi}^{\pi} t^2\,dt$.

c) Donner une fonction primitive de la fonction définie sur $\mathbb{R}$ par $t \mapsto t^2$.

d) Calculer la valeur exacte de E(u).

Partie C

On considère le signal polynôme trigonométrique de Fourier d'ordre 1 approximant le signal u. Ce signal, noté V_0, est le signal défini, pour tout nombre réel t, par $V_0(t) = \dfrac{\pi}{2} - \dfrac{4}{\pi}\cos t$.

1) Vérifier que le signal V_0 est pair et périodique de période 2π.

2) La valeur moyenne $\overline{V_0}$ du signal V_0 sur l'intervalle $[-\pi ; \pi]$ est égale à $\dfrac{1}{2\pi}\displaystyle\int_{-\pi}^{\pi} V_0(t)\,dt$.

En utilisant l'égalité $\displaystyle\int_{-\pi}^{\pi} \cos t\,dt = 0$, calculer la valeur moyenne de V_0 sur l'intervalle $[-\pi ; \pi]$.

3) Les nombres a_0 et a_1 sont des nombres réels. L'énergie transportée sur l'intervalle $[-\pi ; \pi]$ par le signal défini sur $\mathbb{R}$ par $t \mapsto a_0 + a_1 \cos t$ est égale, d'après la relation de Parseval, à $2\pi\left(a_0^2 + \dfrac{a_1^2}{2}\right)$.

a) Calculer la valeur exacte de l'énergie $E(V_0)$ transportée par le signal V_0 sur l'intervalle $[-\pi, \pi]$.

b) Calculer la valeur arrondie au centième de $\dfrac{E(V_o)}{E(u)}$ où $E(u)$ est le nombre défini à la *partie B question 4*.

Partie D

Le nombre k étant un nombre réel, on considère le signal v tel que, pour tout nombre réel t, $v(t) = \dfrac{\pi}{2} + k \cos t$.

1) On note $E(v)$ l'énergie transportée par le signal v sur l'intervalle $[-\pi ; \pi]$.

a) En utilisant le rappel effectué à la *partie C question 3* (relation de Parseval), vérifier que $E(v) = \dfrac{\pi(\pi^2 + 2k^2)}{2}$.

b) Déterminer les valeurs de k pour lesquelles $\dfrac{E(v)}{E(u)} = 1$ ou encore $E(v) = E(u)$. ($E(u)$ est le nombre défini à la *partie B question 4*).

2) L'énergie $E(u - v)$ transportée par le signal $u - v$ sur l'intervalle $[-\pi ; \pi]$ est égale à $\displaystyle\int_{-\pi}^{\pi} (u(t) - v(t))^2 dt$. Un calcul conduit à l'aide d'un logiciel de calcul formel permet d'écrire que $E(u - v) = \pi k^2 + 8k + \dfrac{\pi^3}{6}$.

Indiquer, en utilisant les résultats obtenus à *l'exercice II*, pour quelle valeur de k l'énergie $E(u - v)$ est minimale.

SUJET N° 13

◆ M.S.M.A.

SESSION 2000

MATHÉMATIQUES

Exercice I – Étude statistique.

BARÈME	
BAC	3,5 pts

Pour savoir s'il est nécessaire d'effectuer une intervention de maintenance sur une machine détoureuse, on détermine le coefficient de capabilité de cette machine. Pour cela, sur un échantillon significatif, on relève le diamètre extérieur des pièces après passage dans cette machine.
L'histogramme ci-dessous représente le nombre de pièces selon leur diamètre en mm.

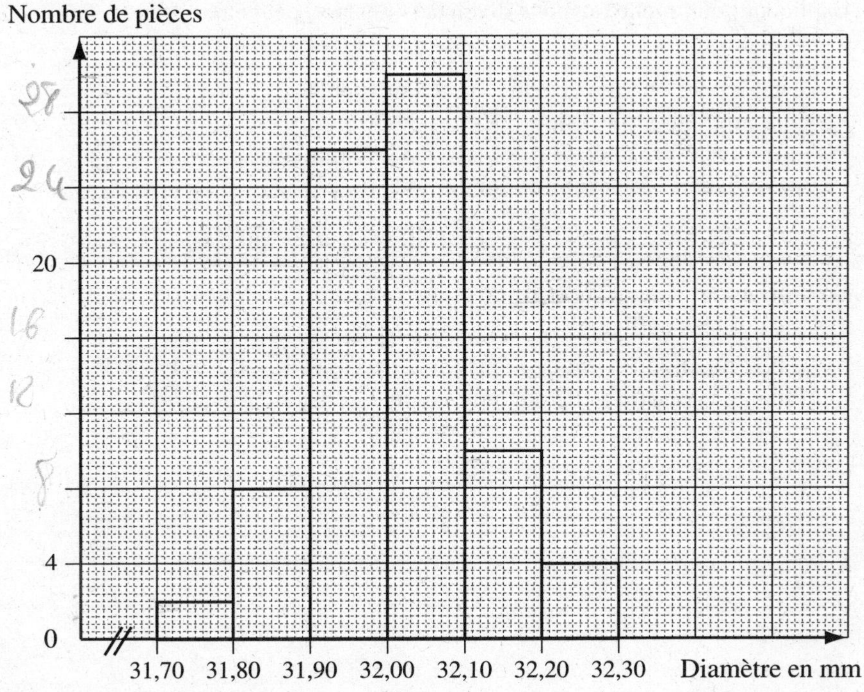

1) a) A l'aide de l'histogramme, compléter le tableau suivant :

Diamètre en mm	Nombre de pièce n_i	Centre de classe x_i
[31,70 ; 31,80[	2	31,75
31,80 31,90	8	31,85
31,90 ; 32,00	26	31,95
32,00 ; 32,10	30	32,05
32,10 ; 32,20	10	32,15
32,20 ; 32,30	4	32,25
	80,5	

b) Calculer le diamètre moyen $\overline{x_1}$; donner la réponse à 10^{-2} mm.

2) À l'aide d'un logiciel :
- on enregistre les diamètres de chacune des pièces de l'échantillon ;
- à partir de ces données, le logiciel détermine les valeurs du diamètre moyen $\overline{x_2}$ et l'écart-type σ_2 de la série : $\overline{x_2} = 31,99$ mm et $\sigma_2 = 0,10$ mm.

Expliquer pour quelle raison le diamètre moyen $\overline{x_2}$ peut être différent de $\overline{x_1}$ obtenu dans la question **1)**.

3) Le cahier des charges fixe les limites suivantes :
- Limite inférieure tolérable LIT = 31,70 mm.
- Limite supérieure tolérable LST = 32,30 mm.
- Les coefficients de capabilité sont définis par :

$$K_1 = \frac{LST - \bar{x}}{3\sigma} \quad \text{et} \quad K_2 = \frac{\bar{x} - LIT}{3\sigma}.$$

En utilisant les valeurs $\overline{x_2}$ et σ_2 de la question 2 :

a) Calculer les coefficients de capabilité K_1 et K_2.

b) Le bon fonctionnement de la machine nécessite $K_1 \geqslant 1$ et $K_2 \geqslant 1$.
La machine nécessite-t-elle une intervention de maintenance ?

Exercice II – Calcul de volumes.

L'opération de maintenance nécessite l'usinage d'un nouvel arbre de sortie de la machine détoureuse. Le schéma ci-dessous indique ce qu'il faut obtenir après usinage.

BARÈME
BAC 2 pts

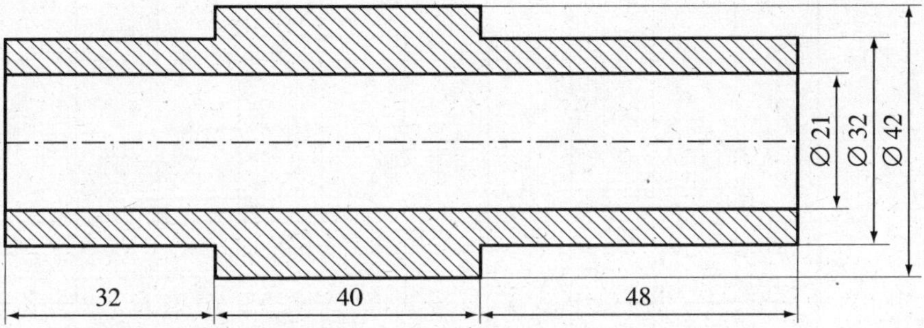

1) Avant usinage, on a un cylindre creux en acier :

- son diamètre extérieur est de 42 mm,
- son diamètre intérieur est de 21 mm,
- sa longueur est de 120 mm.

Calculer le volume d'acier V_1 de la pièce avant usinage en prenant $\pi = 3{,}14159$. Donner le résultat arrondi au mm^3.

2) Calculer le volume d'acier V_2 de la pièce après usinage en prenant $\pi = 3{,}14159$. Donner le résultat arrondi au mm^3.

3) Calculer la masse m de la pièce usinée sachant que la masse volumique de l'acier est $\rho = 7\,600$ kg/m^3. Donner le résultat arrondi au gramme.

$\left(\text{On rappelle } \rho = \dfrac{m}{v}\right)$.

Exercice III – Études de fonctions.

On étudie le mouvement du piston actionnant le bras manipulateur de la détoureuse.
A l'instant x, $f(x)$ indique la position de l'extrémité du piston.
Le mouvement du piston se décompose en trois phases.

BARÈME
BAC 9,5 pts

1) *Étude de la phase 1 : mouvement rectiligne uniformément accéléré.*

On donne la fonction f_1 définie sur l'intervalle [0 ; 2] par $f_1(x) = \dfrac{1}{2}\, a_1\, x^2$.

La courbe $\mathscr{C}_1$ page 62 représente les variations de cette fonction entre les points O et A.

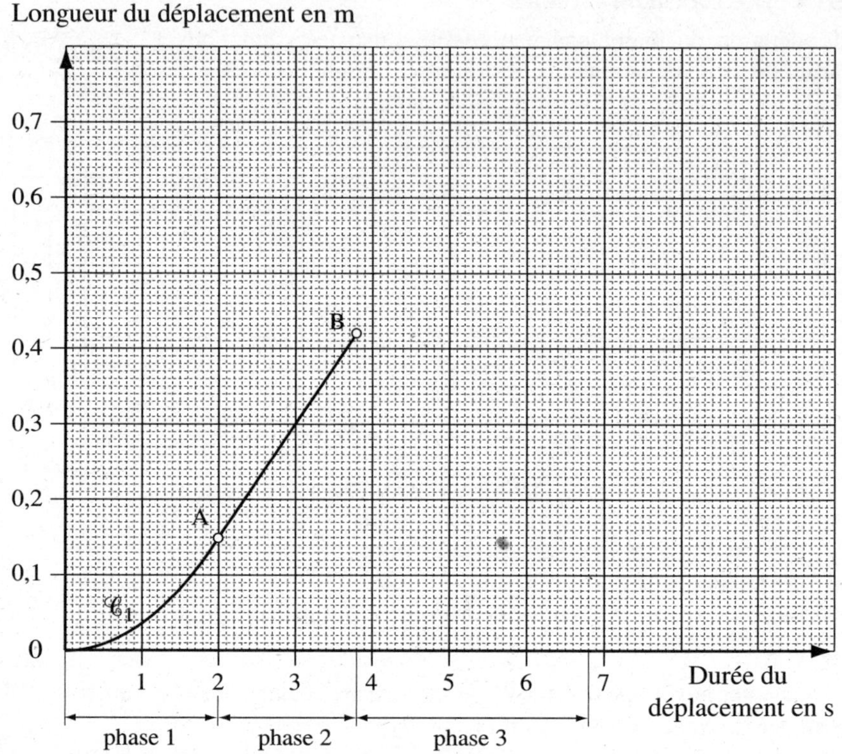

Déterminer graphiquement les coordonnées du point A et en déduire la valeur du coefficient a_1.

2) *Étude de la phase 2 : mouvement rectiligne uniforme.*
On donne la fonction f_2 définie sur l'intervalle [2 ; 3,8] par :

$$f_2(x) = a_2\, x + b.$$

Le segment de droite [AB] sur le graphique représente les variations de la fonction f_2. Déterminer graphiquement les coordonnées du point B et en déduire l'équation de la droite (AB).

3) *Étude de la phase 3 : mouvement rectiligne uniformément décéléré.*
On donne la fonction f_3 définie sur l'intervalle [3,8 ; 6,8] par :

$$f_3(x) = -\,0{,}025x^2 + 0{,}34x - 0{,}511.$$

a) Résoudre l'équation $-\,0{,}025x^2 + 0{,}34x - 0{,}511 = 0{,}645$.

b) Déterminer la fonction dérivée f'_3 de la fonction f_3.

c) Établir le tableau de variation.

x	3,8	6,8
signe de f'_3		
variation de f_3		

d) Compléter le tableau de valeurs suivant, les résultats seront arrondis à 10^{-2}.

x	3,8	4	5	6	6,8
$f_3(x)$	0,42				0,64

Tracer la courbe $\mathscr{C}_3$ représentative de la fonction f_3 sur le repère de la page 62.

e) Calculer le nombre dérivé $f'_3(3{,}8)$. Que représente ce nombre ?

f) La fonction f'_3 représente la vitesse du piston en m/s.
Quelle est la vitesse du piston pour $x = 6{,}8$?

SCIENCES PHYSIQUES

Exercice IV – Étude d'une alimentation d'antenne parabolique de télévision.

Le schéma suivant représente une partie d'une alimentation d'antenne parabolique de télévision.

C : condensateur — G : générateur
R : résistance — V : voltmètre
K : interrupteur

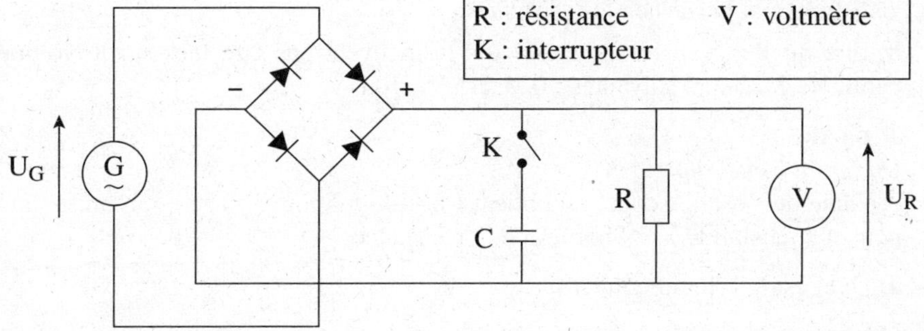

1re partie

L'interrupteur K étant ouvert.

À l'aide d'un oscilloscope, on obtient les oscillogrammes ci-dessous.

- Oscillogramme 1 : tension U_G délivrée par le générateur.
- Oscillogramme 2 : tension U_R aux bornes de la résistance R.

Oscillogramme 1

K est ouvert, tension aux bornes du générateur : U_G.

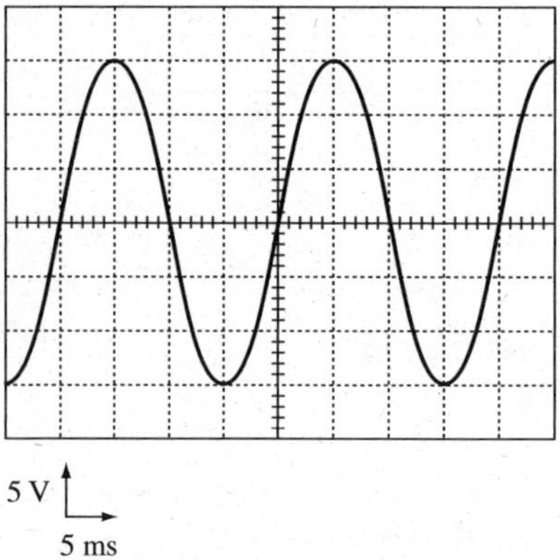

Oscillogramme 2

K est ouvert, tension aux bornes de la résistance : U_R.

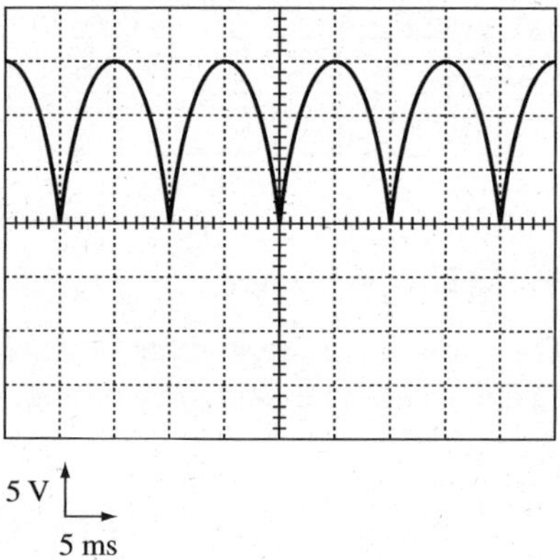

1) Quel est le rôle du pont de diodes, appelé « Pont de Graëtz » ?

2) À l'aide de l'oscillogramme 1, déterminer la période, la fréquence puis la valeur maximale U_{Gmax} de la tension délivrée par le générateur.

3) À l'aide de l'oscillogramme 2,

a) déterminer la période, la fréquence puis la valeur maximale U_{Rmax} de la tension visualisée aux bornes de la résistance ;

b) dire quelles sont les 2 valeurs qui ne peuvent pas être lues sur le voltmètre parmi les 3 valeurs suivantes : 0 V ; 15 V ; 10,6 V.

2e partie

On ferme l'interrupteur K.

À l'aide de l'oscilloscope, on obtient l'oscillogramme 3 page 65, représentant la nouvelle tension U_R aux bornes de la résistance.

4) Quel est le rôle du condensateur ?

5) Le voltmètre indique une tension $U_R = 13{,}5$ V lorsque la résistance est $R = 10\ \Omega$. Calculer l'intensité du courant traversant la résistance R.

Oscillogramme 3

K fermé, tension aux bornes de la résistance : U_R.

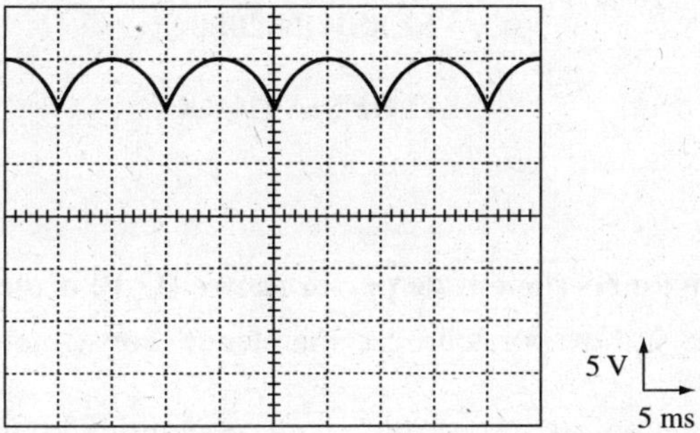

SUJET N° 14

◆ Énergétique

SESSION 2000

MATHÉMATIQUES

Exercice I – Étude du coefficient de performance (C_oP) d'une pompe à chaleur.

BARÈME	
BAC	7 pts

La température à l'évaporateur est maintenue constante à 10 °C.

Pour une température x (exprimée en °C) au condenseur, le C_oP y de la pompe à chaleur est donné par :

$$y = \frac{273 + x}{(273 + x) - (273 + 10)} \text{ pour } x \text{ appartenant à l'intervalle } [30 ; 60].$$

On désigne par f la fonction définie sur l'intervalle [30 ; 60] par :

$$f(x) = \frac{273 + x}{(273 + x) - (273 + 10)}.$$

1) Étude du sens de variation de la fonction f.

a) Réduire le dénominateur de $f(x)$.

b) En utilisant la formule donnant la dérivée d'un quotient $\left(\frac{u}{v}\right)$, déterminer la fonction dérivée f' de la fonction f.

Montrer que $f'(x)$ peut s'écrire sous la forme $f'(x) = \frac{-283}{(x-10)^2}$.

c) Établir le tableau de variation de la fonction f sur l'intervalle [30 ; 60].

2) Représentation graphique de la fonction f'.

a) Compléter le tableau de valeurs de la fonction f. (Valeurs arrondies à 10^{-1}).

x	30	35	40	45	50	55	60
y							

b) Représenter graphiquement, cette fonction dans le repère de la page 67.

3) Exploitation de la courbe.

Déterminer graphiquement, l'intervalle des températures correspondant à un C_oP variant de 8,5 à 13,5.

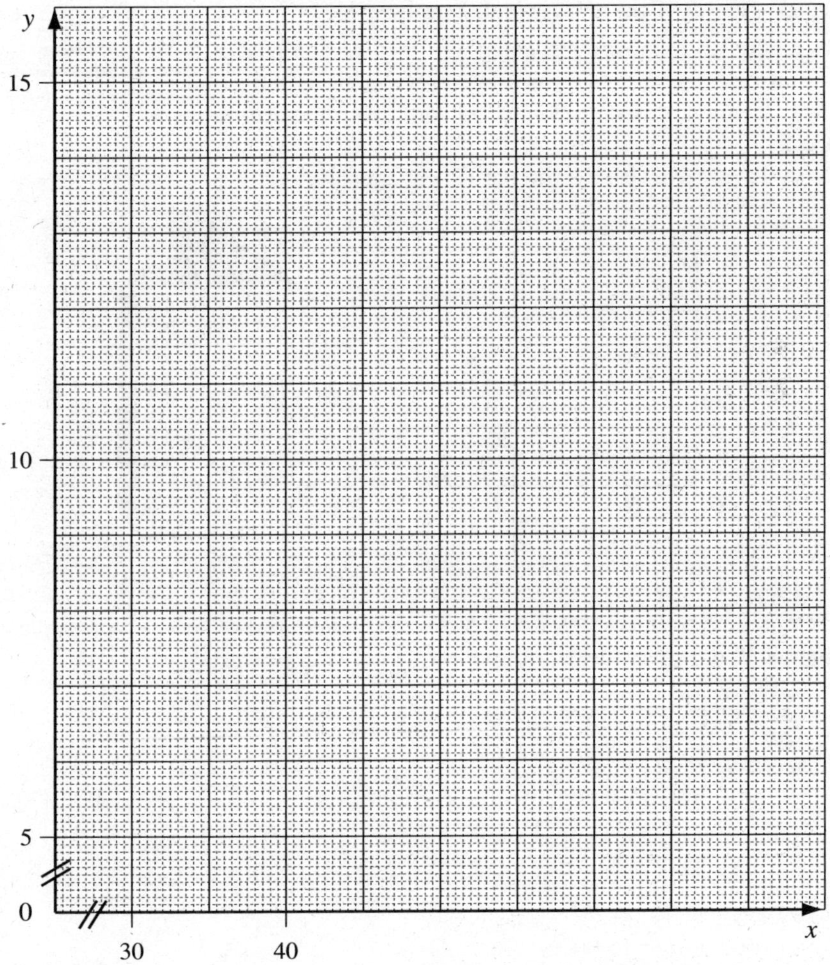
y
15
10
5
0
x
30
40

Exercice II – Étude d'un réservoir de combustible.

BARÈME
BAC 8 pts

Pour rendre un dispositif de chauffage le plus compact possible, on est amené à fabriquer un réservoir de combustible ayant la forme ci-dessous. (Les cotes sont exprimées en millimètres).

La base du réservoir est décrite par le schéma suivant :

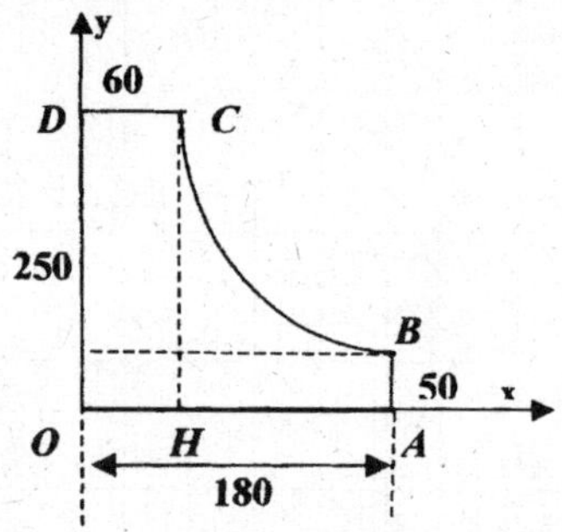

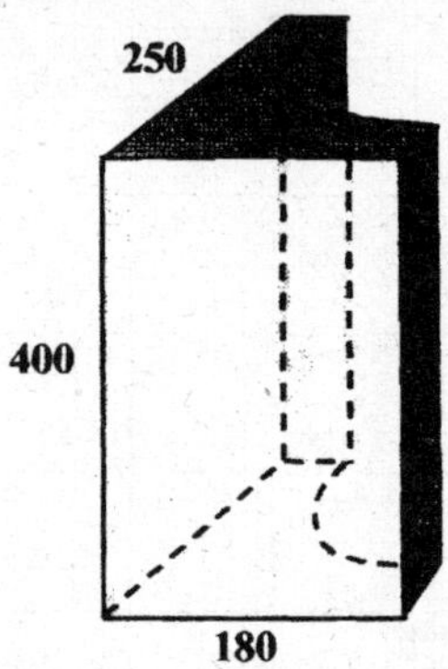

Dans un repère orthonormal d'origine O, l'arc de courbe $\overset{\frown}{BC}$ est la représentation graphique $\mathscr{C}$ d'une fonction f définie sur l'intervalle [60 ; 180] et du type

$f(x) = \dfrac{ax + b}{x}$ où a et b sont deux constantes à déterminer.

1) *Expression de la fonction f.*

a) Le point B (180 ; 50) appartient à $\mathscr{C}$. Montrer que : $180\,a + b = 9\,000$.

b) Le point C (60 ; 250) appartient à $\mathscr{C}$. Montrer que : $60\,a + b = 15\,000$.

c) Calculer les valeurs des constantes a et b en résolvant le système d'équations :

$$\begin{cases} 180\,a + b = 9\,000 \\ 60\,a + b = 15\,000 \end{cases}$$

d) En déduire l'expression de la fonction f.

e) Montrer que $f(x)$ peut s'écrire $f(x) = -50 + \dfrac{18\,000}{x}$.

2) *Étude de la base du réservoir.*

a) Calculer l'intégrale suivante $I = \displaystyle\int_{60}^{180} \left(\frac{-50\,x + 18\,000}{x} \right) dx$.

b) Hachurer sur le dessin de la page 69, le domaine dont l'aire est I.

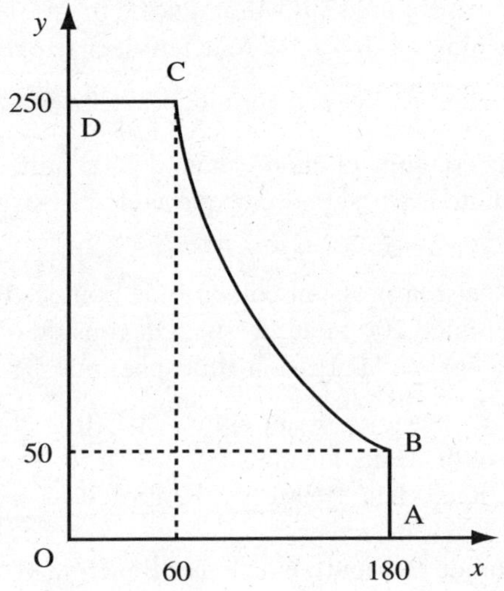

3) *Calcul du volume du réservoir.*

a) Calculer l'aire S de la base OABCD du réservoir en mm^2.

b) Calculer le volume du réservoir. Exprimer la capacité de ce réservoir en litres.

SCIENCES PHYSIQUES

Exercice III – Partie mécanique des fluides.

BARÈME	
BAC	5 pts

On considère une pompe utilisée par EDF (voir schéma) pour monter de l'eau lorsque la demande en énergie électrique est faible et pour la laisser ensuite la réutiliser lorsque la demande est plus forte.

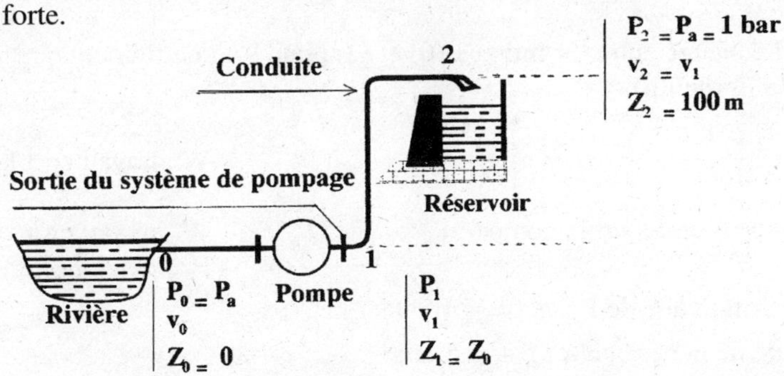

1) La pompe utilisée ayant un débit volumique de 0,8 m^3/s et la fréquence de rotation étant de 600 tr/min, on demande de déterminer la cylindrée de la pompe.

2) Le fluide utilisé étant de l'eau, déterminer le débit massique de la pompe.

3) Le diamètre de la conduite circulaire étant de 400 mm, quelle sera la vitesse de l'eau dans la conduite ? On supposera que celle-ci est constante dans toute la conduite ($v_1 = v_2$).

4) Calculer, en pascals, la pression en sortie de pompe (P_1) nécessaire pour que l'eau puisse être refoulée 100 m au-dessus. On considère que la pression en sortie de conduite sera égale à la pression atmosphérique ($P_2 = P_a$).

5) L'énergie W reçue par 1 kg d'eau entre l'état (0) et l'état (2) est donnée par l'équation de Bernoulli. Dans les états (0) et (2), les pressions sont égales à la pression atmosphérique et la vitesse v_0 d'entrée de l'eau de la rivière dans la pompe est nulle.
Simplifier l'équation de Bernoulli et calculer l'énergie W reçue par 1 kg d'eau.

6) En déduire la puissance utile (P_u) fournie par la pompe.

Formulaire et données

Débit volumique : $q_v = v \cdot S$

q_v : débit volumique en m^3/s
v: vitesse du fluide en m/s
S: section de la conduite en m^2

Cylindrée d'une pompe : $cyl = \frac{q_v}{n}$

cyl : cylindrée en m^3/tr
n : fréquence de rotation en tr/s

Débit massique : $Q_m = \rho \cdot Q_v$

Q_m : débit massique en kg/s
ρ : masse volumique en kg/m^3

Équation de Bernoulli : $(P_2 - P_1) + \frac{1}{2}\rho(v_2^2 - v_1^2) + \rho g(Z_2 - Z_1) = 0$

Travail échangé entre les milieux (0) et (2) pour 1 kg de fluide (équation généralisée de Bernoulli).

$$W = \frac{P_2 - P_0}{\rho} + \frac{1}{2}(v_2^2 - v_0^2) + g(Z_2 - Z_0)$$

W : travail en J/kg

Puissance fournie par la pompe : $P_u = W \cdot Q_m$

W : travail en J/kg
P_u : puissance en W

Masse volumique de l'eau : $\rho = 1000$ kg/m^3
Intensité de la pesanteur : $g = 9,8$ m/s^2

SUJET N° 15

◆ Structures métalliques

SESSION 2000

MATHÉMATIQUES

On souhaite fabriquer un réservoir cylindrique sans couvercle. Ce réservoir est schématisé par un cylindre droit C dont la mesure, en cm, de la hauteur est notée h et dont la mesure, en cm, du rayon est notée r (voir ci-dessous).

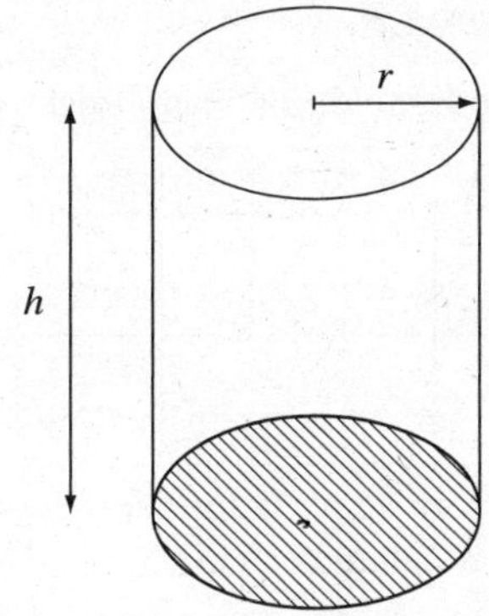

Réservoir cylindrique

Les contraintes imposées sont les suivantes :

- contrainte n° 1 : $1 \leqslant r \leqslant 12$;
- contrainte n° 2 : l'aire latérale du cylindre C augmentée de l'aire du disque visualisé par des hachures sur le dessin est égale à 23 550 cm^2 ;
- contrainte n° 3 : le volume du cylindre C est égal à 100 000 cm^3.

Le problème consiste à déterminer les valeurs de r et de h qui permettent au cylindre C de satisfaire les trois contraintes énoncées ci-dessus.

Exercice I – Établissement d'une condition sur *r*.

BARÈME	
BAC	5,5 pts

1) Calculez en fonction de r et de h l'aire latérale, en cm^2, du cylindre C augmentée de l'aire, en cm^2, du disque visualisé par des hachures sur le dessin ci-dessus.

2) En utilisant le résultat obtenu précédemment et la contrainte n° 2, trouvez une relation exprimant h en fonction de r.

3) Exprimez en fonction de r et de h, le volume V, en cm^3, du cylindre C.

4) En utilisant les résultats obtenus aux questions 2 et 3, montrez que :

$$V = -\frac{\pi}{2} r^3 + 11\,775\, r.$$

5) Montrez que si r est tel que $r^3 = \frac{23\,550}{\pi} r - \frac{200\,000}{\pi}$, alors la contrainte n° 3 est satisfaite.

Exercice II – Étude d'une fonction.

BARÈME	
BAC	6 pts

On considère la fonction f définie, pour tout nombre réel x de l'intervalle [1 ; 12], par $f(x) = x^3$.

1) Complétez la deuxième ligne du tableau ci-dessous.

x	1	2	3	4	5	6	7	8	9	10	11	12
Valeur de $f(x)$												
Valeur de $f'(x)$												

2) On note f' la fonction dérivée de la fonction f.

a) Pour tout nombre réel x, calculez $f'(x)$.

b) Complétez la troisième ligne du tableau ci-dessus.

3) Indiquez quel est le sens de variation de la fonction f (justifiez le résultat donné).

4) On note $\mathscr{C}f$ la courbe représentative de la fonction f dans le plan rapporté au repère (Ox, Oy) de la page 73.

a) Tracez les tangentes T_1, T_2 et T_3 à la courbe $\mathscr{C}f$ en ses points d'abscisses respectives 3 ; 5 et 10 (laissez apparents les traits ayant permis de répondre à cette question).

b) Tracez la courbe $\mathscr{C}f$.

5) Dans le plan rapporté au repère (Ox, Oy) de la page 73 :

a) Tracez la droite D dont une équation est $y = \frac{23\,550}{\pi} x - \frac{200\,000}{\pi}$ (précisez la méthode utilisée).

b) Placez le point I, point d'intersection de D et de $\mathscr{C}f$.

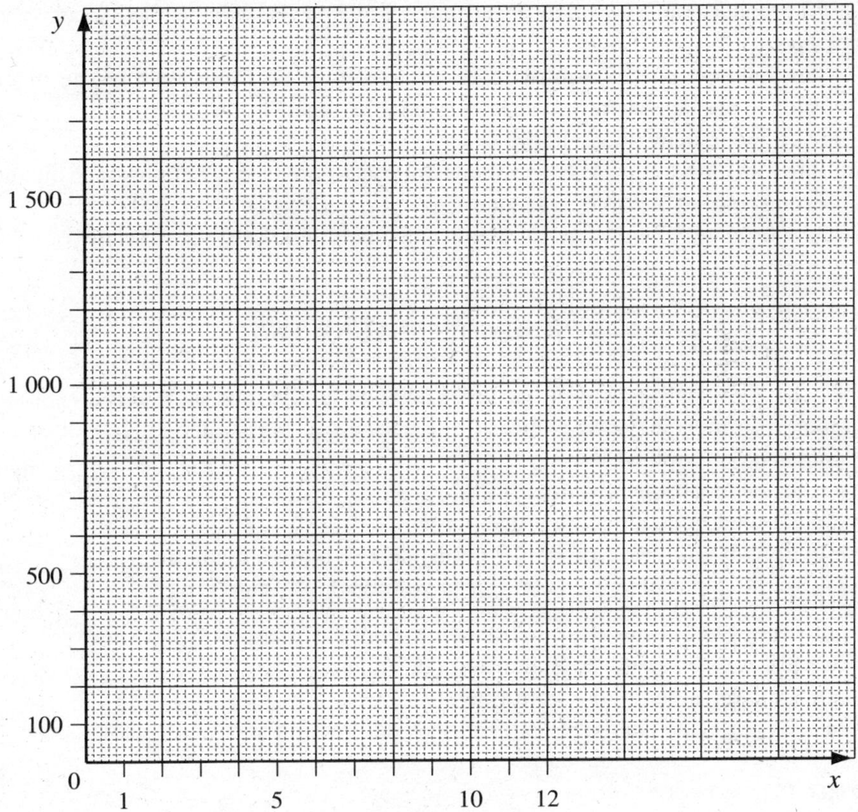

c) Par une lecture graphique et en utilisant les tracés de D et de $\mathscr{C}f$, proposez une évaluation à une décimale de la solution de l'équation d'inconnue x,

$$f(x) = \frac{23\,550}{\pi}x - \frac{200\,000}{\pi}.$$

On note R le nombre ainsi trouvé.

Exercice III – Une réponse au problème posé.

BARÈME
BAC 3,5 pts

Pour répondre au problème posé, on utilise pour valeur de r, le nombre R obtenu à la question **5) c)** de l'exercice précédent.

1) Calculez, en utilisant le résultat obtenu à la question **2)** de l'**Exercice I**, la valeur de h arrondie à 10^{-1}. On note H cette valeur approchée de h.

2) En prenant pour *r* la valeur R et pour *h* la valeur H, calculez les valeurs obtenues pour :
– l'aire latérale, en cm^2, du cylindre C augmentée de l'aire, en cm^2, du disque visualisé par des hachures sur le dessin de la page 71 ;
– le volume, en cm^3, du cylindre C.
Indiquez si, dans ce cas, les contraintes imposées sont bien satisfaites sachant que :
– la contrainte n° 2 doit être satisfaite avec une tolérance de $\pm$ 100 cm^2 ;
– la contrainte n° 3 doit être satisfaite avec une tolérance de $\pm$ 500 cm^3.

SCIENCES PHYSIQUES

Des châssis métalliques sont découpés dans de la tôle inox de 8 mm d'épaisseur et mis en forme à la presse plieuse. Cette dernière a les caractéristiques suivantes :
- alimentée en triphasé ;
- puissance électrique absorbée 4 kW ;
- moteur électrique alimentant une pompe ;
- circuit hydraulique : 1 pompe, 2 vérins de 120 mm de diamètre ;
- vitesse de déplacement du coulisseau en travail : 9,3 mm/s.

Pour simplifier les calculs, on pose comme approximations :
- que les puissances mises en jeu sont constantes,
- que les mouvements sont uniformes,
- que les pertes de charge et les variations de pression sont négligeables.

Exercice IV

BARÈME	
BAC	3,5 pts

La force nécessaire pour effectuer le pliage des châssis est égale à 338 kN. Les deux vérins contribuent de façon identique lors du pliage d'un châssis.

1) Calculez :
a) la somme des sections des deux vérins en m^2 à 0,1 près ;
b) la pression du fluide (en Pa) ;
c) le débit du fluide (en m^3/s et en L/min) lors de la phase de travail.

2) Calculez pour ce pliage :
a) la puissance mécanique d'un vérin ;
b) la puissance hydraulique de la pompe alimentant les deux vérins sachant que le rendement d'un vérin η_v est de 94 % ;
c) le rendement global de la machine.

Exercice V

L'entreprise a fait le choix du matériau (acier inoxydable) pour protéger les châssis de la corrosion. Toutefois, elle étudie la possibilité d'utiliser des tôles de fer qu'elle désire revêtir d'un métal protecteur.

BARÈME	
BAC	1,5 pt

Oxydant		Réducteur	E° (en volts)
Cr^{3+}	....	Cr	+ 0,74
Cu^{2+}	....	Cu	+ 0,34
Ni^{2+}	....	Ni	+ 0,25
Pb^{2+}	....	Pb	− 0,13
Sn^{2+}	....	Sn	− 0,14
Fe^{2+}	....	Fe	− 0,44
Zn^{2+}	....	Zn	− 0,76

En vous aidant du tableau de classification électrochimique des couples redox ci-dessus :

1) Écrivez les demi-équations électroniques relatives à chacun des trois couples : Fe^{2+}/Fe ; Zn^{2+}/Zn ; Sn^{2+}/Sn.

2) Écrivez l'équation-bilan de la réaction faisant intervenir les couples Fe^{2+}/Fe et Zn^{2+}/Zn.

3) De même, écrivez l'équation-bilan de la réaction faisant intervenir les couples Fe^{2+}/Fe et Sn^{2+}/Sn.

4) Quelle est, selon vous, la meilleure protection du fer ? Dites pourquoi.

SUJET N° 16

◆ Carrosserie – options : construction et réparation

SESSION 2000

MATHÉMATIQUES

Exercice I – Étude d'un hayon élévateur.

Partie A

On se propose d'étudier une courbe figurant sur l'abaque de charge d'un hayon élévateur de véhicule. On désigne par x l'éloignement du centre de gravité de la charge par rapport au bord de la plate-forme et y la masse de la charge.
(x s'exprime en mètres et y en kilogrammes).

BARÈME	
BAC	7 pts

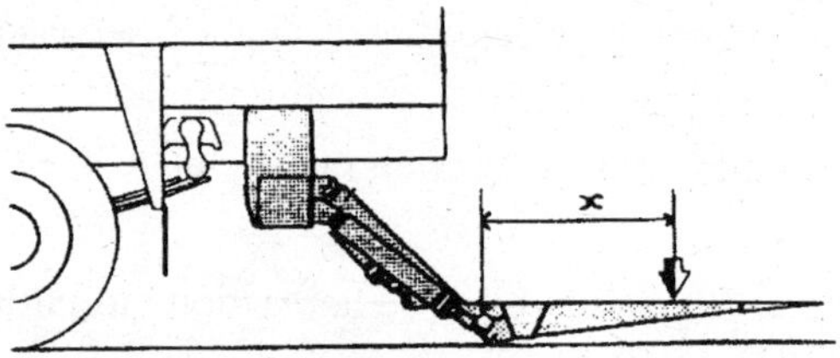

L'expression de la masse maximale y, soulevable par le hayon est alors :

$$y = 2\,500a^x$$

où a est une constante caractéristique du hayon.

1) *Recherche d'une fonction.*
Soit la fonction numérique f définie sur l'intervalle [0,64 ; 2] par : $f(x) = 2\,500a^x$.
Déterminer la valeur de a sachant que la courbe représentative de la fonction f passe par le point M (1 ; 1 500). En déduire l'expression de $f(x)$.

2) *Étude de la fonction f.*
On admettra que la fonction f est définie sur l'intervalle [0,64 ; 2] par :

$$f(x) = 2\,500 \times (0,6)^x.$$

a) Compléter le tableau de valeurs (les résultats seront arrondis à la dizaine).

x	0,64	0,75	1	1,25	1,50	1,75	2
$y = f(x)$			1 500		1 160		

b) Tracer la courbe représentative de la fonction f dans le repère ci-dessous.

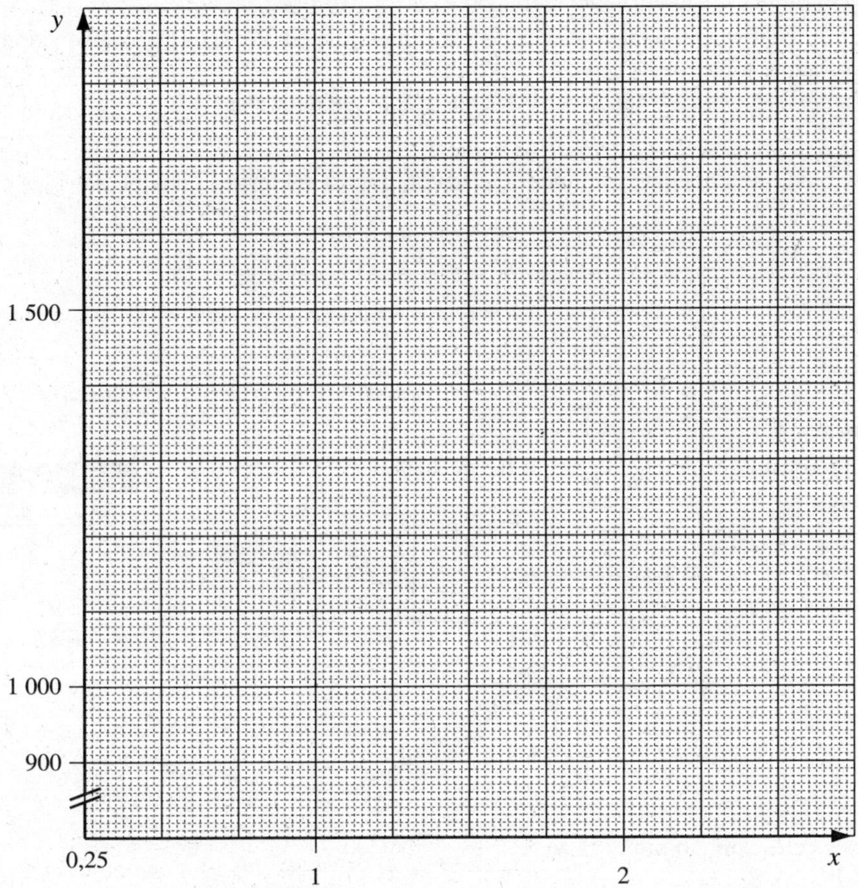

c) Déterminer graphiquement x sachant que $y = 1\ 250$.

d) Résoudre l'équation : $2\ 500 \times (0,6)^x = 1\ 250$.
(On pourra utiliser les logarithmes).

e) Comparer les résultats obtenus aux questions **c)** et **d)**. Conclure.

3) *Étude de la charge maximale sur [0,25 ; 0,64].*

a) On appelle masse de la charge nominale la valeur de y correspondant à la position $x = 1$.
Retrouver à partir du tableau de valeurs la masse de la charge nominale.

b) La charge maximale P ne peut dépasser 120 % de la charge nominale.
Déterminer la valeur P, puis comparer P avec $f(0{,}64)$.

c) La charge maximale est définie sur l'intervalle [0,25 ; 0,64] par la fonction g constante telle que : $g(x) = \text{P}$.
Représenter la fonction g sur le même graphique de la page 77.

4) *Exploitation du graphique (abaque).*
À l'aide de l'abaque, indiquer si le hayon pourra soulever la charge dans les cas suivants :

	x	y
1er cas	1,2	1 400
2e cas	1,5	1 000

Partie B

BARÈME
BAC 5 pts

On considère le schéma simplifié du hayon élévateur ci-dessous.

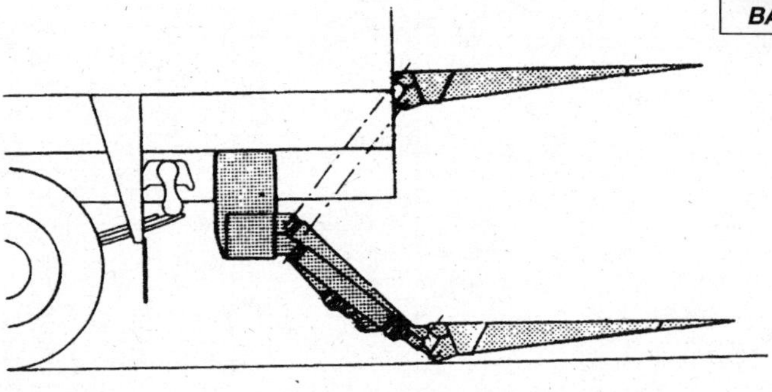

Les cotes sont en mm.
AB = A′B′
OA = OA′

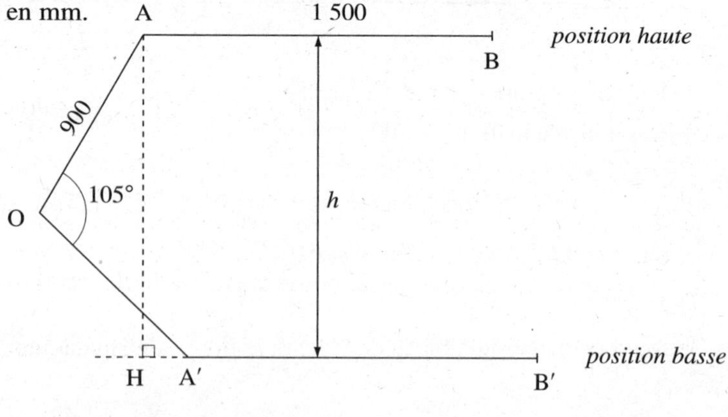

La plate forme AB et le bras de levage OA ont pour dimensions respectives :

$$AB = 1\,500 \text{ mm} \quad ; \quad OA = 900 \text{ mm.}$$

Lors de la descente du hayon, la plate-forme reste horizontale et la longueur du bras de levage constante.

1) Sur le dessin de la page 78, tracer la trajectoire du point A lors de la descente du hayon.

2) La trajectoire du point B est un arc de cercle de centre O′.
Sachant que $\overrightarrow{OO'} = \overrightarrow{AB}$, placer le point O′. Tracer la trajectoire du point B.

3) On considère les deux positions haute et basse du hayon. On souhaite déterminer la mesure de l'élévation h.
On donne $\widehat{AOA'} = 105°$.

a) Quelle est la nature du triangle OAA′ ?

b) Calculer la mesure de AA′ au mm près.

c) Soit H, la projection orthogonale du point A sur la droite (B′A′).
On donne A′H = 282 mm.
Déterminer l'élévation h au mm près.

Exercice II

BARÈME	
BAC	3 pts

Le parc automobile français de voitures particulières comporte au 31 décembre 1998, 32 % de voitures diesel. Le tableau suivant montre l'évolution du diesel dans le parc de voitures particulières.

Années	1993	1994	1995	1996	1997	1998
x : rang de l'année	1	2	3	4	5	6
y : % diesel	22,7	25,3	25,3	29,4	30,9	32

(source Union Routière de France)

Le nuage de points associés aux variables x et y est représenté dans le repère page 80.

1) Calculer les coordonnées du point moyen A correspondant aux trois premières années, puis celles du point B correspondant aux autres années : (les résultats seront arrondis au dixième près).

2) Tracer la droite (AB).

3) Déterminer graphiquement la part du diesel prévisible pour 2000.

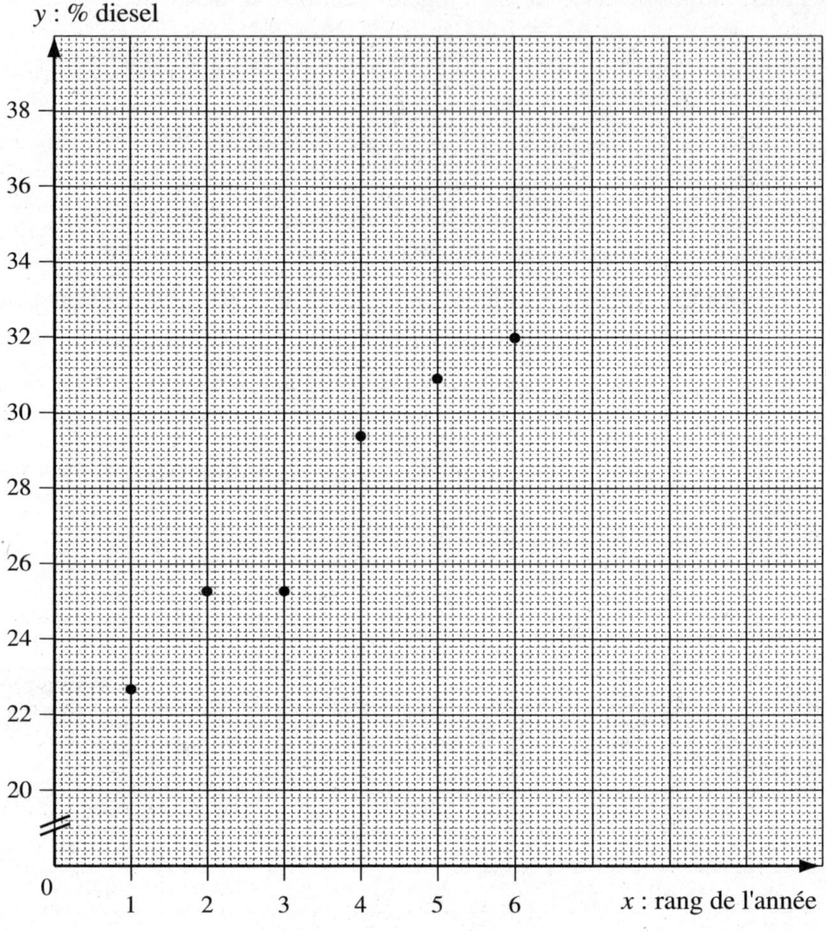

SCIENCES PHYSIQUES

Exercice III

BARÈME	
BAC	3 pts

Le polychlorure de vinyle ou PVC est un constituant de la peau de planche de bord des automobiles. On l'obtient par polymérisation du chlorure de vinyle de formule développée :

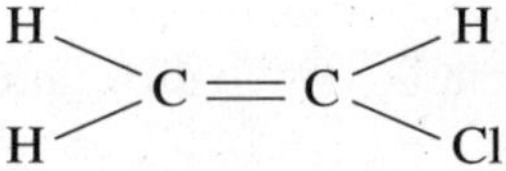

1) Le chlorure de vinyle est obtenu à partir d'un alcène de formule brute C_2H_4. Nommer cet alcène.

2) Écrire la formule brute du chlorure de vinyle.

3) Calculer sa masse molaire moléculaire.

4) La réaction de polymérisation du polychlorure de vinyle s'écrit :

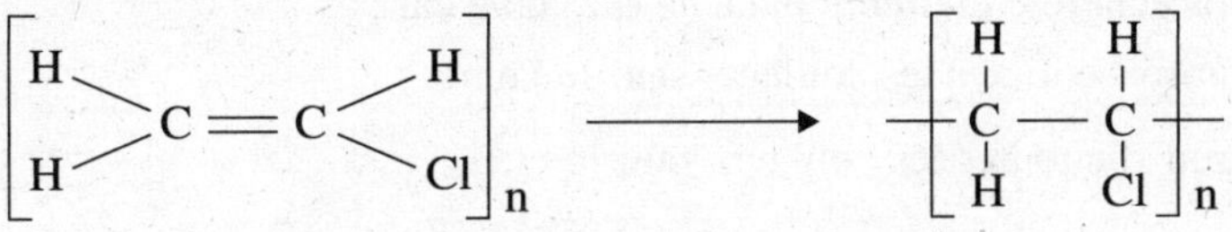

n représente le degré de polymérisation.

Cette réaction de polymérisation est-elle une réaction de polyaddition ou de polycondensation ?

5) Calculer la masse molaire du polymère si le degré de polymérisation est $n = 2\,000$.

On donne les masses molaires atomiques :

$$M_{(C)} = 12 \text{ g/mol} \; ; \; M_{(H)} = 1 \text{ g/mol} \; ; \; M_{(Cl)} = 35{,}5 \text{ g/mol}.$$

Exercice IV

Pour chacune des questions suivantes, indiquer sur la copie la lettre correspondante à la réponse choisie.

BARÈME
BAC 2 pts

1) *Électricité.*

Le primaire d'un transformateur de poste à soudure à l'arc est traversé par un courant d'intensité 40 A sous une tension de 240 V.

La tension au secondaire est de 30 V.

L'intensité débitée au secondaire vaut :

a 30 A	c 320 A
b 3,2 A	d 180 A

On donne $U_1 I_1 = U_2 I_2$.

2) *Électricité et sécurité.*

Parmi les affirmations suivantes, choisir celle qui est vraie.

a Un disjoncteur différentiel de 30 mA se déclenche si le courant de fuite est inférieur à 30 mA.

b Un disjoncteur différentiel assure la protection des personnes dans le cas d'un contact indirect.

c La sensibilité d'un disjoncteur différentiel s'exprime en milliers d'ampères.

d La sensibilité d'un disjoncteur différentiel s'exprime en millivolts.

3) *Optique.*

On constate lors de l'exposition prolongée à la lumière blanche du soleil, un jaunissement de certaines matières plastiques, dont le PVC.
Un corps éclairé en lumière blanche est jaune car :

a Il absorbe toutes les couleurs sauf le jaune.

b Il renvoie toutes les couleurs sauf le bleu.

c Il renvoie le bleu, couleur complémentaire du jaune.

d Il renvoie toutes les couleurs sauf le jaune.

4) *Mécanique.*

La résistance au cisaillement d'une plaquette de frein est 1 800 N/cm^2.
Quelle est en Pa la pression exercée ?

a 1 800 Pa

b 1 800 bars

c $1{,}8 \cdot 10^7$ Pa

d $1{,}8 \cdot 10^5$ Pa

SUJET N° 17

◆ Productique Bois

SESSION 2000

MATHÉMATIQUES

Exercice I

BARÈME	
BAC	11 pts

Pour la fabrication d'un meuble de rangement (figure 1) à l'aide d'une défonceuse à commande numérique, on est amené à étudier une face latérale.

Les cotes sont en mm.

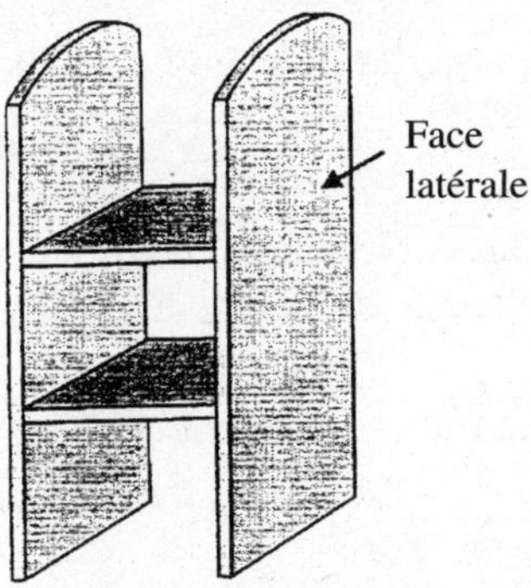

Figure 1

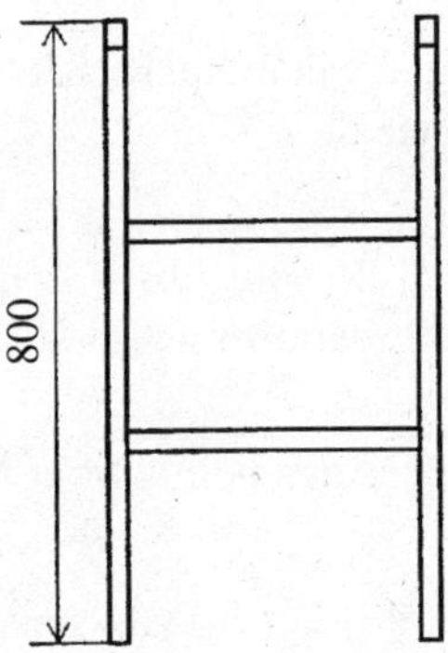

Figure 2 : vue de face

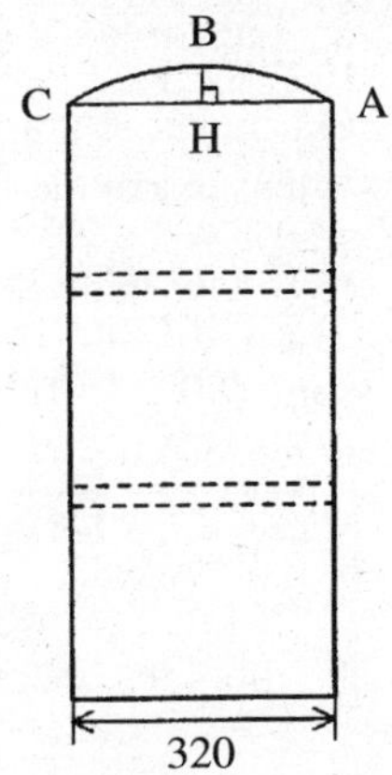

Figure 3 : vue de gauche

La face latérale est symétrique par rapport à l'axe vertical (BH) où H est le milieu du segment [AC] (figure 3).

$\overset{\frown}{AC}$ est un arc de cercle.

On donne BH = 50 mm.

Afin de paramétrer la machine à commande numérique, on doit rechercher les coordonnées de certains points et le rayon de l'arc de cercle $\overset{\frown}{AC}$.

1) *Construction géométrique*

Dans le repère page 85 (unité graphique : 0,5 cm pour 50 mm), on veut représenter une face latérale du meuble positionnée comme indiqué ci-contre (figure 4) :

a) Déterminer les coordonnées des points A, B, C et D.

b) Placer les points A, B, C et D dans le repère de la page 85.

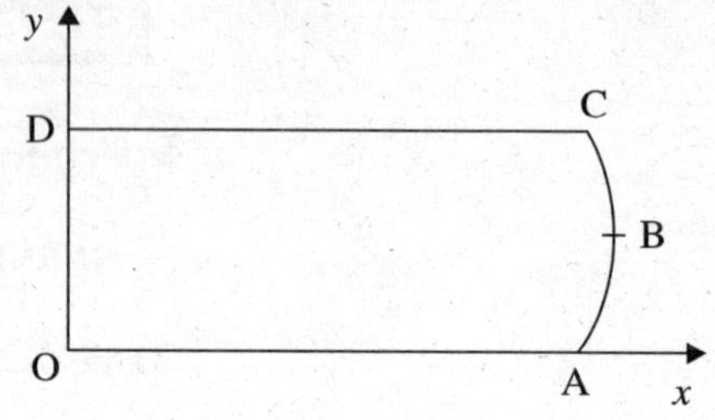

Figure 4

c) Tracer les médiatrices des segments [AB] et [AC] (laisser apparents les traits de construction) ; en déduire, sans justification, la position du centre I de l'arc de cercle $\overset{\frown}{AC}$.

d) Tracer l'arc de cercle $\overset{\frown}{AC}$ passant par le point B puis terminer le tracé de la face latérale.

e) Lire sur le graphique une valeur approchée de l'abscisse du point I et donner la valeur exacte de l'ordonnée de I.

2) *Calcul de la valeur exacte de l'abscisse du point*

a) En utilisant le rappel ci-dessous, justifier que les coordonnées du vecteur $\overrightarrow{AB}$ sont (50 ; 160) et que les coordonnées du milieu E du segment [AB] sont (775 ; 80).

> *Rappel* : si les coordonnées des points M et N sont respectivement $(x_M\,;\,y_M)$ et $(x_N\,;\,y_N)$
>
> alors les coordonnées du vecteur $\overrightarrow{MN}$ sont $\left| \begin{array}{l} x_N - x_M \\ y_N - y_M \end{array} \right.$
>
> et les coordonnées du milieu du segment [MN] sont $\left| \begin{array}{l} \dfrac{x_M + x_N}{2} \\ \dfrac{y_M + y_N}{2} \end{array} \right.$

b) On désigne par x, l'abscisse du point I. En utilisant le rappel ci-dessus :
– exprimer l'abscisse du vecteur $\overrightarrow{EI}$ en fonction de x ;
– calculer l'ordonnée du vecteur $\overrightarrow{EI}$.

c) Exprimer le produit scalaire $\overrightarrow{AB} \cdot \overrightarrow{EI}$ en fonction de x.

d) En utilisant le résultat de la question **c)** et l'orthogonalité des vecteurs $\overrightarrow{AB}$ et $\overrightarrow{EI}$, déterminer l'abscisse x du point I (on est amené à résoudre une équation du premier degré).

e) En déduire le rayon de l'arc de cercle de la face latérale du meuble.

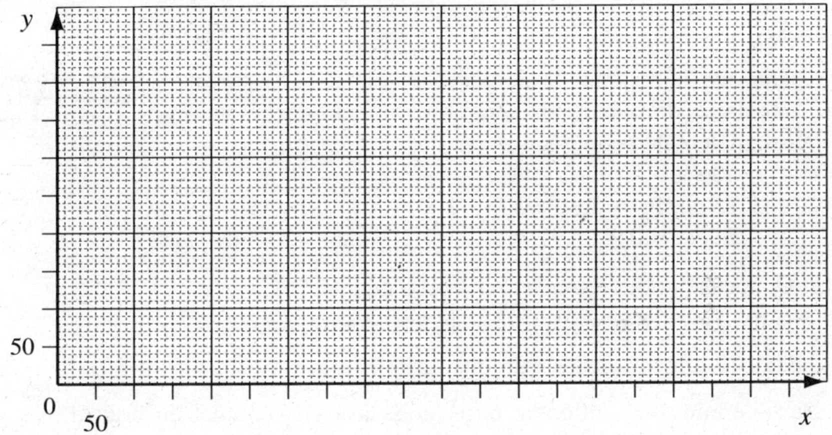

Exercice II

Une entreprise acquiert une machine dont le prix est 425 000 F. On estime que la valeur de cette machine se déprécie de 15 % par an.

BARÈME
BAC 4 pts

1) Calculer la valeur, en francs, de la machine au bout :

a) d'une année ;

b) de deux années.

2) Soit (u_n) la suite géométrique de premier terme $u_1 = 361\,250$ et de raison $q = 0{,}85$.

Exprimer u_n en fonction de n.

3) Compléter le tableau ci-dessous où les valeurs approchées de u_n sont à arrondir à l'unité.

n	1	2	3	4	5	6	7
u_n							

4) On admet que la valeur, en francs, de la machine au bout de n années est le nombre u_n arrondi à l'unité. L'entreprise se sépare de la machine lorsque la valeur de celle-ci devient inférieure à 40 % de son prix d'achat.

Déduire des résultats de la question **3)**, la durée d'utilisation de cette machine dans l'entreprise.

SCIENCES PHYSIQUES

Exercice III

BARÈME	
BAC	5 pts

Les panneaux alimentant la défonceuse sont débités par une scie circulaire dont les caractéristiques mentionnées sur la plaque signalétique sont :

400 V – 50 Hz triphasé
15 A ; $P_u = 5{,}82$ kW
$\cos \varphi = 0{,}8$

1) a) Donner le nom de chacune des cinq grandeurs.

b) Calculer la puissance électrique absorbée par la scie.

c) Calculer le rendement de cette machine.

2) Dans certaines conditions d'utilisation, la machine émet un bruit d'intensité acoustique $I = 0{,}2$ W/m^2 à une distance de un mètre.
Calculer le niveau d'intensité acoustique du bruit émis par la machine.

Rappel : $L = 10 \log \dfrac{I}{I_0}$; $I_0 = 10^{-2}$ W/m^2.

SUJET N° 18

◆ Équipements et installations électriques

SESSION 2000

MATHÉMATIQUES

Exercice I

BARÈME
BAC 5 pts

On note :

• j le nombre complexe de module 1 et dont un argument est $\frac{\pi}{2}$;

• $\mathscr{P}$ le plan muni du repère orthonormal direct $(O\,;\vec{u},\vec{v})$ d'unité graphique 1 cm.

Soit le nombre complexe z tel que $z = 4 - 4j$.

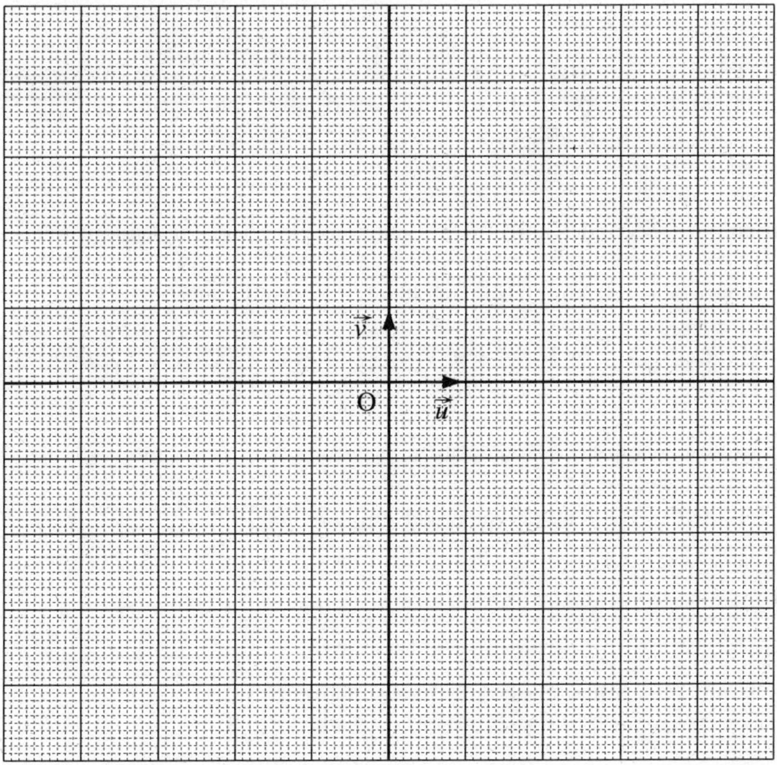

1) a) Placer, dans le plan $\mathscr{P}$, le point M d'affixe z.

b) Donner les coordonnées du vecteur $\overrightarrow{OM}$.

2) a) Calculer la valeur exacte du module du nombre complexe z.

b) Calculer l'argument, compris entre $-\pi$ et π, du nombre complexe z.

3) a) Donner la valeur exacte de la norme du vecteur $\overrightarrow{OM}$.

b) Donner la mesure exacte, en radians, comprise entre $-\pi$ et π, de l'angle $(\overrightarrow{u}, \overrightarrow{OM})$.

4) On associe au vecteur $\overrightarrow{OM}$ la fonction sinusoïdale u définie, pour tout nombre réel t, par :

$$u(t) = 4\sqrt{2}\sin\left(100\pi t - \frac{\pi}{4}\right).$$

a) Calculer la période de la fonction u.

b) Calculer la valeur exacte de $u\left(\frac{1}{400}\right)$.

Exercice II

BARÈME — **BAC 10 pts**

Soit un circuit comprenant un générateur de force électromotrice E, exprimée en volts, une bobine de résistance R, exprimée en ohms, d'inductance L, exprimée en henrys, et un interrupteur.

On sait que, t secondes après la fermeture de l'interrupteur, l'intensité i, exprimée en ampères, du courant établi dans le circuit est telle que $i = \frac{E}{R}\left(1 - e^{-\frac{R}{L}t}\right)$.

I – Montrer que pour E = 18 V, R = 12 Ω et L = 0,2 H, on obtient la formule $i = 1{,}5(1 - e^{-60t})$ où i est exprimé en ampères et t en secondes.

II – Soit la fonction f définie pour tout nombre réel t de l'intervalle [0 ; 0,1] par $f(t) = 1{,}5(1 - e^{-60t})$.

1) Compléter le tableau de valeurs ci-dessous.

t	0	0,01	0,02	0,04	0,06	0,08	0,1
Valeur de $f(t)$ arrondie à 10^{-2}							

2) On note f' la fonction dérivée de la fonction f.
Vérifier que, pour tout nombre réel t de l'intervalle [0 ; 0,1], $f'(t) = 90e^{-60t}$.

3) Étudier le sens de variation de la fonction f.

4) Tracer, dans le plan rapporté au repère (Ot, Oy) ci-dessous, la courbe représentative $\mathscr{C}$ de la fonction f.

5) a) Calculer la plus grande valeur M atteinte par la fonction f sur l'intervalle [0 ; 0,1]. (Donner la valeur exacte de M).

b) Calculer la valeur arrondie au centième de $\frac{M}{2}$.

6) On note E l'équation, d'inconnue t, $f(t) = 0{,}75$.
On admet que E possède une solution et une seule notée a.

a) Déterminer, par une lecture graphique, en utilisant la courbe $\mathscr{C}$, une évaluation de la solution a de l'équation E.

b) Sachant que $1{,}5\,(1 - e^{-60a}) = 0{,}75$, montrer que $e^{-60a} = \frac{1}{2}$.

c) En utilisant le résultat obtenu à la question précédente et les propriétés de la fonction logarithme népérien, donner la valeur exacte de a.

d) Donner la valeur arrondie à 10^{-3} de a.

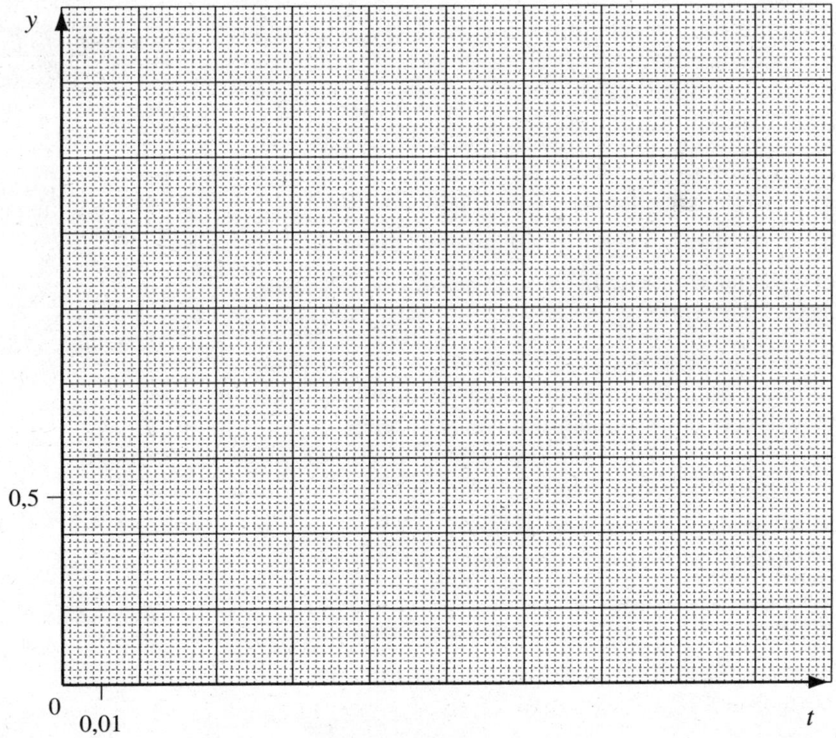

III – *Application*

Pour le circuit dont les caractéristiques sont données à la partie **I**, on s'intéresse à la variation de l'intensité sur une durée de $\frac{1}{10}$ s après la fermeture de l'interrupteur.

1) Indiquer, en une phrase, quelle est l'intensité maximum atteinte (donner cette valeur en ampères arrondie au centième d'ampère).

2) Indiquer, en une phrase, au bout de combien de temps après la fermeture de l'interrupteur, l'intensité atteint la moitié de la valeur donnée à la question précédente (exprimer le résultat en secondes arrondi au millième de seconde).

SCIENCES PHYSIQUES

Exercice III – Mécanique

BARÈME	
BAC	3 pts

Un treuil est constitué d'un moteur électrique et d'une poulie sur laquelle s'enroule un câble.
Ce treuil soulève une charge de masse m.

1) La fréquence de rotation nominale de la poulie est $n = 30$ tr/min.

a) Exprimer cette fréquence de rotation en tr/s.

b) En déduire la vitesse angulaire ω de la poulie.

c) Calculer la vitesse linéaire de montée de la charge dans ces conditions.

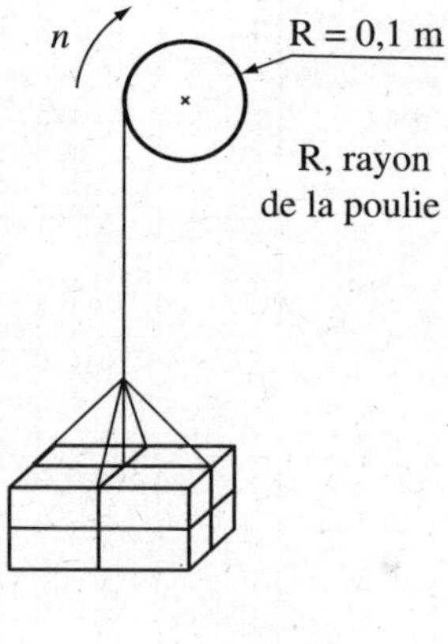

2) La poulie, initialement immobile, met 2,2 s pour atteindre sa fréquence de rotation nominale d'un mouvement circulaire uniformément accéléré.

a) Montrer que l'accélération angulaire du mouvement est égale à 1,43 rad/s^2.

b) Déterminer le nombre de tours effectués par la poulie dans la phase de démarrage.

Exercice IV – Transducteurs

BARÈME
BAC 2 pts

On veut rendre automatique l'éclairage d'une salle de montage de composants électroniques afin de maintenir l'éclairement compris entre 1 500 et 2 500 lux. On utilise un capteur photosensible dont la courbe d'étalonnage fournie par le fabricant est la suivante.

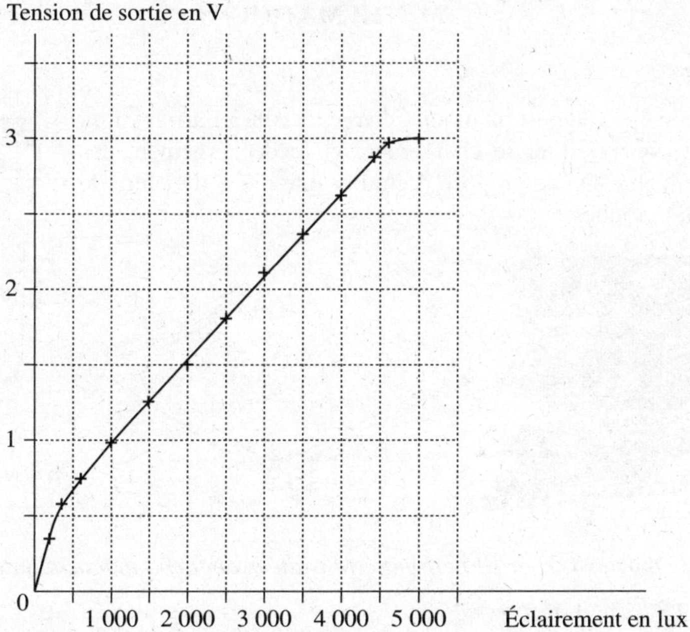

1) Indiquer les grandeurs d'entrée et de sortie du capteur.

2) Définir la plage pratique d'utilisation de cette courbe d'étalonnage dans le domaine linéaire.

3) On veut allumer les lampes pour un éclairement de 1 500 lux et éteindre pour un éclairement de 2 500 lux. Relever sur le graphique les valeurs de tension de sortie correspondant à ces deux états.

SUJET N° 19

◆ **Définition de Produits Industriels**

SESSION 2000

MATHÉMATIQUES

Exercice I

BARÈME	
BAC	10 pts

Un hayon élévateur est un monte-charge installé à l'arrière d'un camion pour faciliter le chargement et le déchargement des marchandises. On se propose d'étudier une pièce du cadre de fixation : la joue.

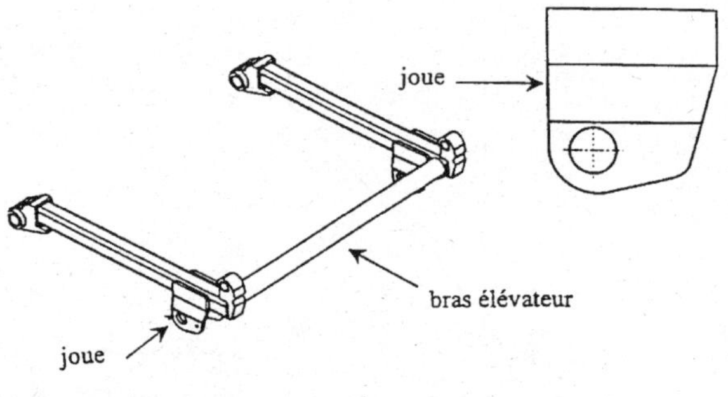

Les trois parties I, II et III peuvent être traitées de façon indépendante.

Partie I : Calcul d'aires

La joue est réalisée à partir d'une surface brute rectangulaire de longueur 10 cm et de largeur 9 cm.

1) Étude d'un cas particulier

On réalise une première découpe du rectangle ABHI qui permet d'enlever le triangle GHC (figure 1).

BH = 10 cm

IH = 9 cm

CH = IG = 7 cm

a) Calculer l'aire du rectangle ABHI.

b) Calculer l'aire du triangle GHC.

c) En déduire l'aire de la surface hachurée (figure 1).

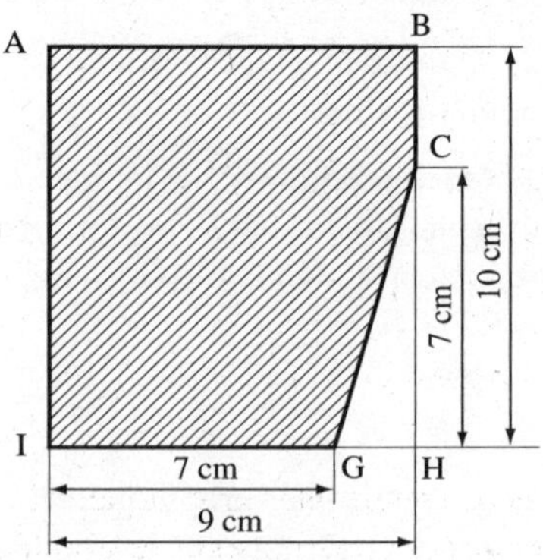

Figure 1

2) Étude du cas général

La première découpe de la surface brute rectangulaire ABHI varie en fonction du gabarit du camion.

Le triangle GHC enlevé est défini par les deux cotes variables et égales :

CH = x et IG = x (figure 2), où x est en cm.

Exprimer en fonction de x :

a) la longueur GH,

b) l'aire B(x) du triangle rectangle GHC,

c) l'aire A(x) de la partie hachurée (figure 2).

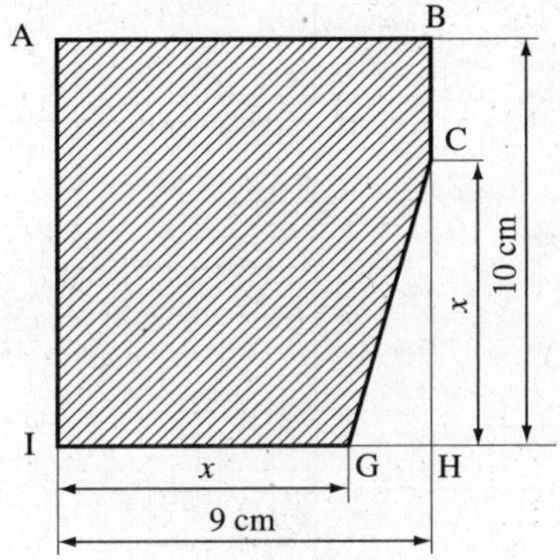

Figure 2

Partie II : Étude d'une fonction

Soit f la fonction définie sur l'intervalle [0 ; 9] par $f(x) = 0{,}5x^2 - 4{,}5x + 90$.

1) Déterminer $f'(x)$ où f' est la dérivée de la fonction f.

2) Déterminer la valeur de x pour laquelle $f'(x) = 0$.

3) Compléter le tableau de variation de la fonction f.

x	0	…	9
$f'(x)$		0	
$f(x)$			

4) Compléter le tableau de valeurs de $f(x)$.

x	0	1	2	3	4	5	6	7	8	9
$f(x)$		86			80	80			86	

5) Construire la courbe représentative de la fonction f dans le repère de la page 94, d'unité graphique 0,5 cm.

Partie III : Recherche de cotes

On admet que l'aire A(x) de la partie hachurée (figure 2) définie dans la partie **I** est égale à l'expression $f(x)$ définie dans la partie **II** :

$$A(x) = f(x) \text{ où } f(x) = 0{,}5x^2 - 4{,}5x + 90.$$

1) a) Déterminer graphiquement les valeurs de x pour lesquelles $f(x) = 84$.

(Laisser apparents sur le graphique page 94, les traits permettant la lecture gra-

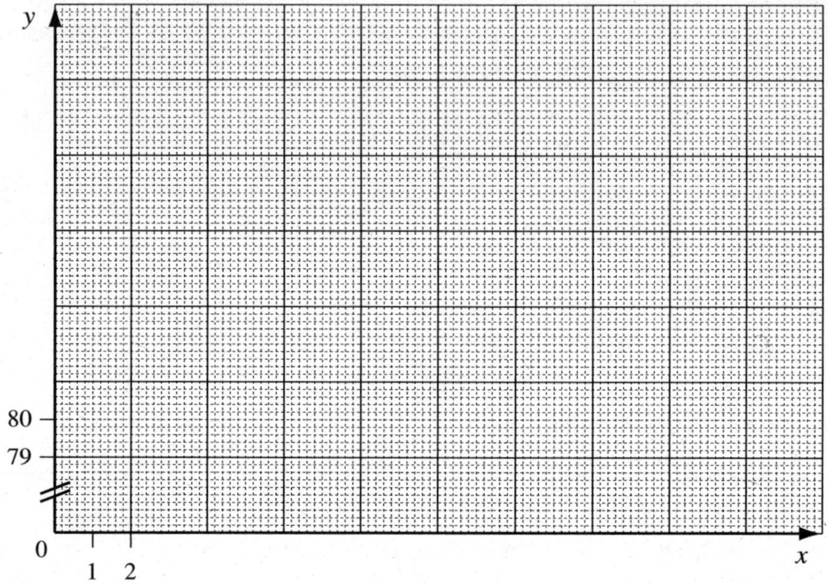

phique).

b) En déduire les valeurs communes des cotes CH et IG (figure 2) pour lesquelles l'aire de la partie hachurée est égale à 84 cm^2.

2) Pour obtenir une meilleure précision, on reprend la recherche de ces cotes par le calcul.

a) Montrer que la condition $A(x) = 84$ peut s'écrire :

$$0{,}5x^2 - 4{,}5x + 6 = 0.$$

b) Résoudre cette équation du second degré et en déduire les valeurs, arrondies à 10^{-2}, des cotes CH et IG pour lesquelles l'aire de la partie hachurée est égale à 84 cm^2.

Exercice II

BARÈME	
BAC	5 pts

Chaque semaine, pendant six semaines, l'intendant d'un lycée note la température extérieure moyenne x en °C et la consommation de fioul de la chaudière y en L.

Il obtient les résultats suivants :

Semaine n°	1	2	3	4	5	6
x en °C	– 11	−6	−3	0	6	8
y en L	510	400	350	320	220	180

1) Placer les six points de cette série statistique dans le repère ci-dessous où, en abscisses, 0,5 cm représente 2 °C et, en ordonnées, 1 cm représente 100 L.

2) Calculer les coordonnées du point moyen G de ce nuage de six points. Placer G dans le repère ci-dessous.

3) On choisit pour droite d'ajustement du nuage de points la droite (AG) où A est le point de coordonnées (12 ; 114).
a) Placer le point A et tracer la droite (AG).

b) Déterminer une équation de la droite (AG). Arrondir à 0,1 le coefficient directeur et à l'unité l'ordonnée à l'origine.

4) On admet que cet ajustement est valable pour les températures comprises entre − 15 °C et 10 °C.
a) Déterminer graphiquement la température moyenne extérieure d'une semaine où la consommation de fioul s'est élevée à 250 L.
(Laisser apparents les traits permettant la lecture graphique).

b) Déterminer, par le calcul, la consommation hebdomadaire prévisible de fioul pour une température extérieure moyenne de − 15 °C.

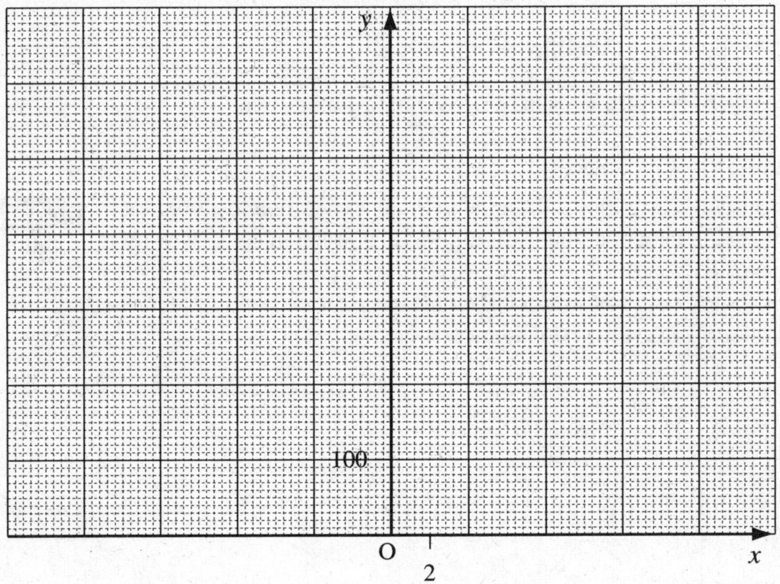

SCIENCES PHYSIQUES

Exercice III – Mécanique

Dans tout le problème, on négligera les frottements de l'air sur la fusée.

Un artificier envoie une fusée verticalement à partir du sol. La fusée de masse 120 g part avec une vitesse initiale de 80 m/s.

Données : Énergie potentielle au niveau du sol : $E_{pl} = 0$ J.
Accélération de la pesanteur : $g = 10$ m/s^2.

1) Calculer l'énergie mécanique E_{m_1} de la fusée à l'instant de son lancement sachant qu'alors sa vitesse est de 80 m/s.

2) On appelle h la hauteur maximale atteinte par la fusée. Exprimer, en fonction de h, l'énergie mécanique E_{m_2} de la fusée au sommet de sa trajectoire.

3) En appliquant à la fusée le principe de conservation de l'énergie mécanique, calculer h.

Formulaire :

$E_m = E_c + E_p$: Énergie mécanique.

$E_c = \frac{1}{2} mv^2$: Énergie cinétique.

On prendra $E_p = m \cdot g \cdot z$: Énergie potentielle.

Exercice IV – Électricité

BARÈME
BAC 3 pts

Un circuit électrique, alimenté par un générateur de courant sinusoïdal, est constitué d'un dipôle D associé en série avec un résistor R (figure 1).

Le dipôle D est soit une bobine parfaite, soit un condensateur parfait.

Le but de l'exercice est d'identifier le dipôle D.

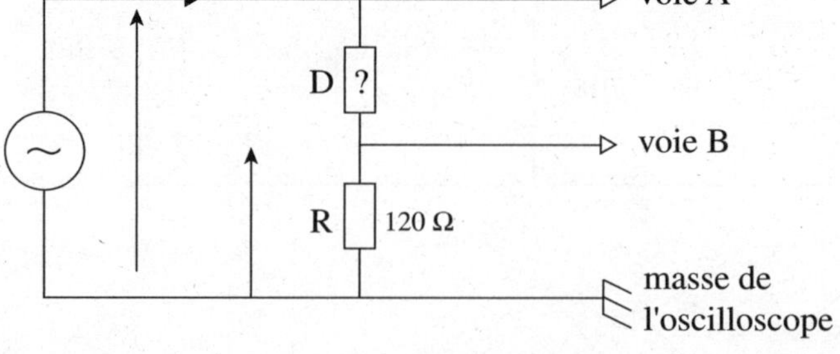

figure 1

1) Indiquer sur quelle voie, on a visualisé :
- la tension U_R aux bornes de la résistance ;
- la tension U délivrée par le générateur.

2) L'oscillogramme observé est donné ci-dessous :

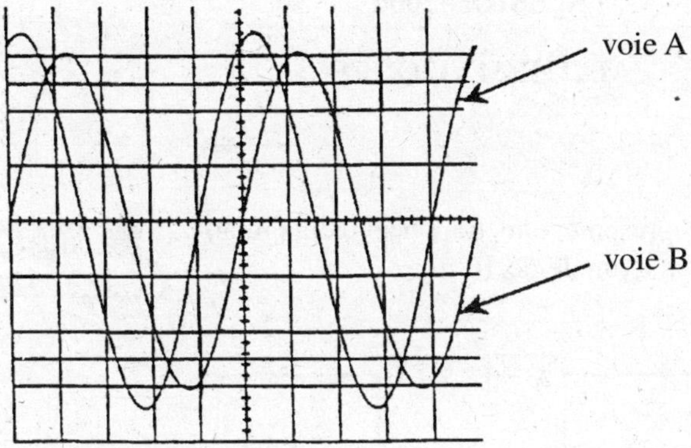

figure 2

- Calibre de l'oscilloscope :

  Voie A : 5 V/div.
  Voie B : 2 V/div.
  Balayage : 5 ms/div.

a) Déterminer la tension maximale U et la période T de la tension délivrée par le générateur.

b) Calculer le déphasage $\varphi = (\overrightarrow{U_R}, \overrightarrow{U})$ de la tension U par rapport à la tension U_R.

c) Le dipôle D est-il une bobine ou un condensateur ? Justifier votre réponse.
On rappelle que l'intensité du courant et la tension U_R sont en phase.

Formulaire :

Déphasage $\varphi = 2\pi \frac{\Delta t}{T}$

Δt : Décalage temporel entre les deux tensions
T : Période

SUJET N° 20

◆ Travaux Publics

SESSION 2000

MATHÉMATIQUES

Exercice I

Le schéma ci-dessous représente une tranchée rectangulaire ABCD d'une profondeur maximale de 10 m.

BARÈME	
BAC	11 pts

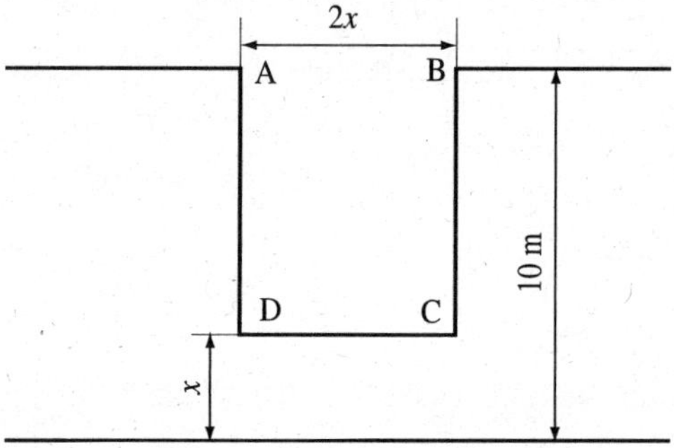

1) Déterminer l'aire du rectangle ABCD pour $x = 6$ m.

2) Exprimer l'aire S(x) du rectangle ABCD en fonction de x.
On considère la fonction S définie sur l'intervalle [0 ; 10] par :

$$S(x) = -2x^2 + 20x.$$

3) Calculer la dérivée S′ de la fonction S.

4) Étudier le signe de S′(x) sur l'intervalle [0 ; 10].

5) a) Établir le tableau de variation de la fonction S.

b) Déterminer la valeur de x pour laquelle S(x) est maximale.
Quelle est cette valeur maximale ?

6) Compléter le tableau de valeurs suivant :

x	0	1	2	3	4	5	6	7	8	9	10
$S(x)$											

7) Tracer la représentation graphique de la fonction S dans le repère ci-dessous.
Échelle : axe des abscisses : 1 cm pour 1 m,
axe des ordonnées : 2 cm pour 10 m^2.

8) a) Déterminer graphiquement les valeurs de x pour lesquelles l'aire du rectangle ABCD est égale à 37,5 m^2. Les traits de construction devront figurer sur le graphique.

b) Retrouver les résultats précédents en résolvant l'équation : $-2x^2 + 20x = 37,5$.

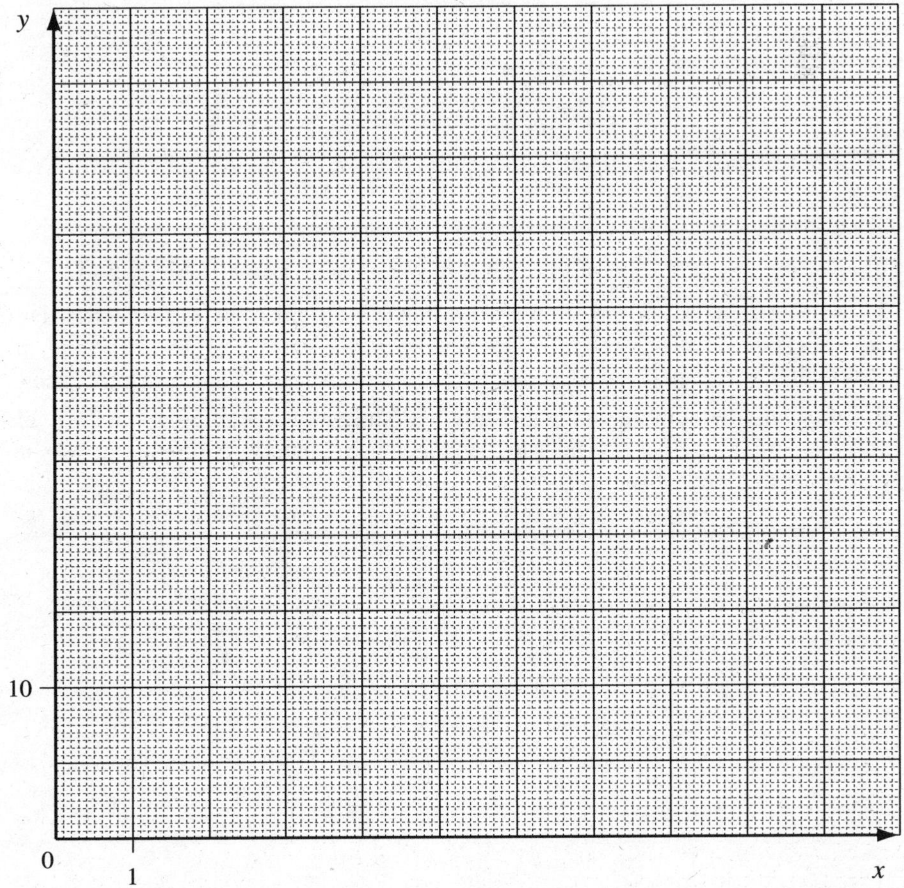

Exercice II

BARÈME	
BAC	4 pts

Une entreprise fabrique des tuyaux en béton armé (60 A, NFP 16-341) de diamètre intérieur théorique 250 mm.

Pour un contrôle en cours de fabrication, on a prélevé au hasard un échantillon de 30 tuyaux. Les mesures du diamètre intérieur des tuyaux ont donné les résultats suivants :

Diamètre intérieur en mm	Effectif
[245 ; 247[	2
[247 ; 249[	8
[249 ; 251[	11
[251 ; 253[	6
[253 ; 255]	3

1) On considère que les effectifs de chaque classe sont rapportés au centre de cette classe.

a) Déterminer le diamètre intérieur moyen $\bar{x}$ (en mm).

b) Déterminer l'écart-type σ de cette série. Le résultat sera arrondi au mm.

2) Dans cette question, on suppose une répartition uniforme des effectifs dans chaque classe.

a) Calculer $\bar{x} - \sigma$ et $\bar{x} + \sigma$ à l'aide des valeurs trouvées à la question précédente.

b) Déterminer le nombre de tuyaux dont le diamètre intérieur appartient à l'intervalle $[\bar{x} - \sigma ; \bar{x} + \sigma]$ et exprimer le résultat en pourcentage par rapport au nombre de tuyaux de l'échantillon.

SCIENCES PHYSIQUES

Exercice III

BARÈME	
BAC	5 pts

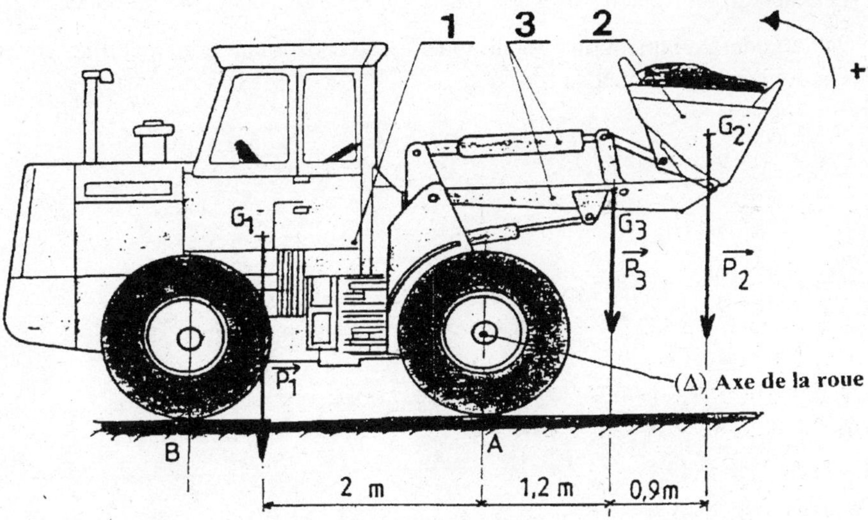

Le chargeur proposé se compose d'un châssis sur pneus **1**, d'un godet **2** et d'une flèche de levage **3**.
$\vec{P}_1$, $\vec{P}_2$ et $\vec{P}_3$ schématisent les poids respectifs du châssis, du godet et de la flèche dont les valeurs ou intensités sont :

$P_1 = 12\,000$ N
$P_2 = 6\,000$ N
$P_3 = 3\,000$ N

1) a) Calculer le moment résultant par rapport à l'axe (Δ) des poids $\vec{P}_1$, $\vec{P}_2$ et $\vec{P}_3$ en tenant compte du sens positif indiqué sur le schéma.
Y a-t-il basculement du chargeur autour de A ?

b) À partir de quelle valeur de $\vec{P}_2$ y a-t-il basculement ?

2) À la date $t = 0$, le chargeur démarre avec un mouvement rectiligne uniformément accéléré ; il atteint la vitesse de 36 km/h en 40 secondes.
On rappelle les formules :

$$x = \frac{1}{2}at^2 + v_0t + x_0 \quad ; \quad v = at + v_0$$

a) Calculer l'accélération du chargeur.

b) Donner les équations horaires exprimant la position et la vitesse du véhicule en fonction du temps. (On choisira comme origine du repère d'espace la position de départ du chargeur).

c) Calculer la distance parcourue par le véhicule au bout de 40 secondes.

3) Le godet 2 contient du ciment. Quel est le constituant principal d'un ciment ? On donnera son nom et sa formule.

SUJET N° 21

◆ Bâtiment

SESSION 2000

MATHÉMATIQUES

Choix d'un modèle de fenêtre pour toiture

• Réglementation :

L'installation d'une fenêtre pour toit en pente est soumise à une norme qui, selon la pente du toit, précise la valeur de l'allège (voir figure a).

La valeur de l'allège doit être supérieure à 90 cm.

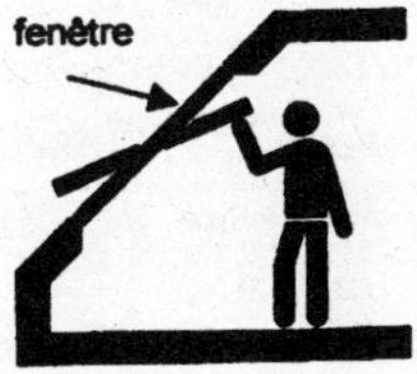

• Quelques informations :

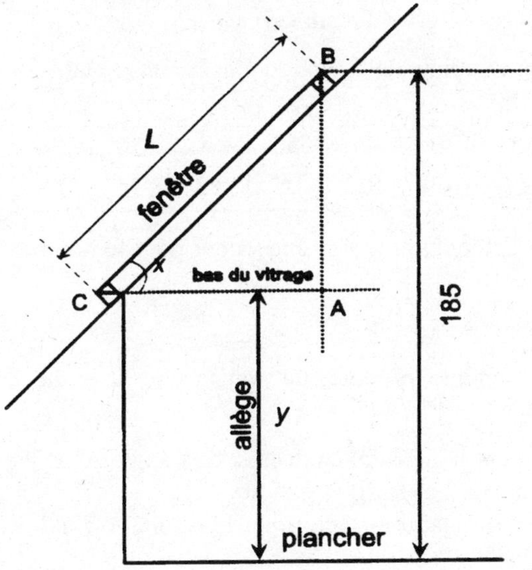

figure a

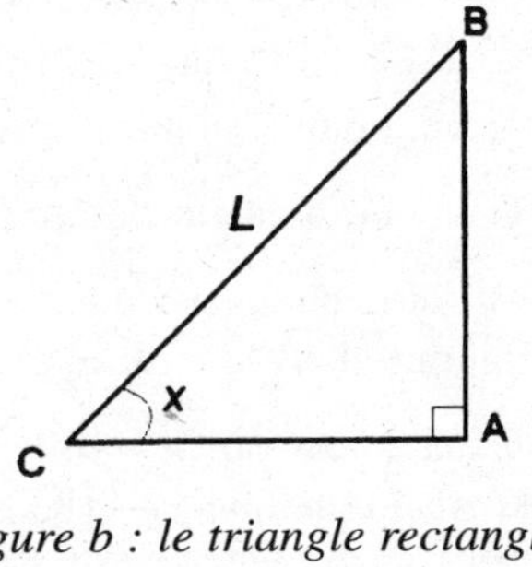

figure b : le triangle rectangle

- x est la mesure, en degrés, de l'angle $\widehat{ACB}$ ce qui signifie que $\widehat{ACB}$ a pour mesure $x°$;
- la cote L est la mesure, en cm, de BC ;
- la cote y est la mesure, en cm, de l'allège.

Trois modèles de fenêtre sont proposés :
– modèle 1 : dans ce cas, la cote L est égale à 118 ;
– modèle 2 : dans ce cas, la cote L est égale à 160 ;
– modèle 3 : dans ce cas, la cote L est égale à 98.

Exercice I – Établissement d'une formule

BARÈME	
BAC	2 pts

1) Exprimer la mesure, en cm, de AB en fonction de L et de $\sin(x°)$ (figure b).

2) Exprimer la cote y en fonction de L et de $\sin(x°)$ (figure a).

Exercice II – Travail graphique

BARÈME	
BAC	8,5 pts

À la page 105, dans le plan rapporté au repère (Ox, Oy), sont tracées :
– la courbe C_1 dont une équation est $y = 185 - 118 \sin(x°)$ avec $20 \leqslant x \leqslant 80$;
– la courbe C_3 dont une équation est $y = 185 - 98 \sin(x°)$ avec $20 \leqslant x \leqslant 80$.

A) Les coordonnées (x, y) de quelques points de C_1 sont données dans le tableau suivant (valeur de y arrondie à l'unité) :

x	20	25	30	35	40	45	50	α	70	80
y	145	135	β	117	109	102	95	83	74	69

1) À l'aide de C_1 par une lecture graphique, proposer une valeur pour le nombre β figurant dans le tableau précédent.

2) Calculer la valeur de $185 - 118 \sin(30°)$.

3) À l'aide de C_1 par une lecture graphique, proposer une valeur pour le nombre α figurant dans le tableau précédent.

B) Dans le cas où L = 160, x désignant la mesure, en degrés, de l'angle $\widehat{ACB}$, la cote y est telle que $y = 185 - 160 \sin(x°)$ avec $20 \leqslant x \leqslant 80$.
1) Calculer la valeur de y lorsque x est égal à 20. Exprimer le résultat arrondi à l'unité.

2) On considère la fonction g définie, pour tout nombre réel x de l'intervalle [20 ; 80], par $g(x) = 185 - 160 \sin(x°)$.

21

a) Recopier puis compléter le tableau ci-dessous (arrondir sin ($x°$) au millième et $g(x)$ à l'unité) :

x	20	25	30	35	40	45	50	60	70	80
$x°$	20°									
$\sin(x°)$	0,342									
$g(x)$	130									

b) Sur le graphique ci-dessous, tracer dans le plan rapporté au repère (Ox ; Oy), la courbe C_2, représentative de la fonction g.

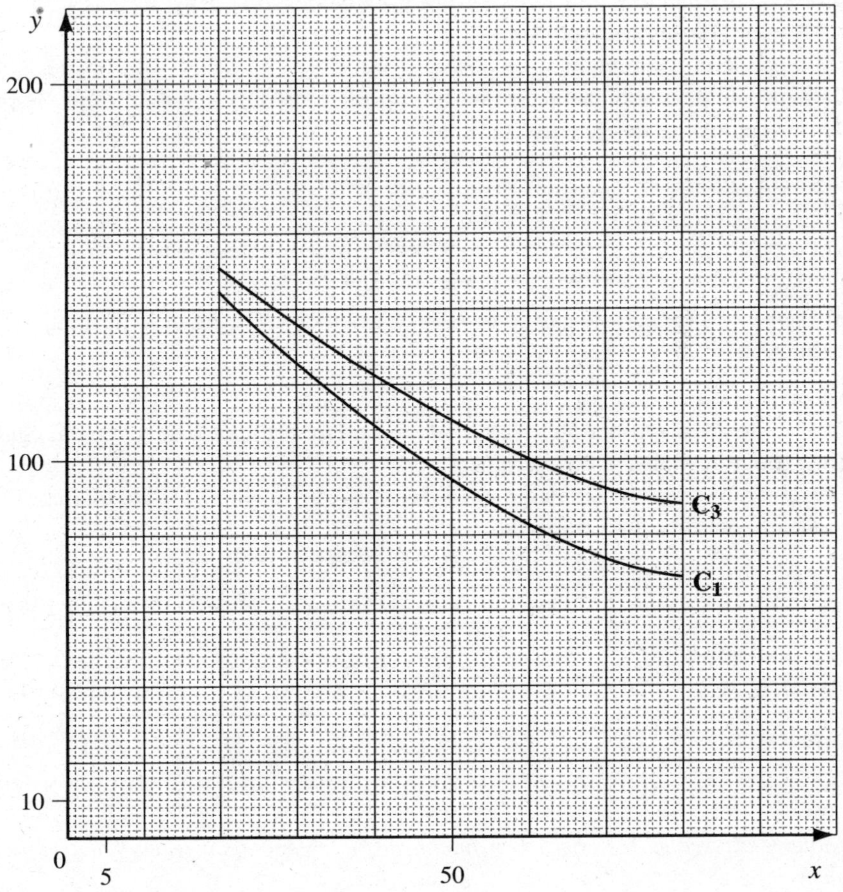

C) Sur le graphique de la page 105, on se propose de visualiser l'ensemble des solutions du système d'inéquations suivant :

$$\begin{cases} x > 20 \\ x < 80 \\ y < 185 \\ y > 90 \end{cases}$$

Hachurer, à cet effet, les parties du plan dont les points de coordonnées (x, y) ne sont pas des solutions du système.

Exercice III – Choix d'un modèle de fenêtre

BARÈME	
BAC	4,5 pts

Les courbes C_1, C_2 et C_3 permettent de trouver la valeur de la cote y (allège) en fonction de la mesure x, en degrés, de l'angle $\widehat{ACB}$ pour chacun des modèles 1, 2 et 3.

On rappelle que le règlement impose $y > 90$.

La partie du plan non hachurée (question précédente **C)**), correspond aux normes de mise en œuvre des fenêtres du toit.

Première étude :

1) La valeur de l'allège est 115 cm.

a) Proposer, par une lecture graphique, une estimation de la mesure, en degrés, de l'angle $\widehat{ACB}$ pour chacun des modèles (1, 2 et 3).

b) Pour $y = 115$, dans le cas du modèle 2, calculer x. Exprimer le résultat arrondi à l'unité.

Seconde étude :

2) L'angle $\widehat{ACB}$ mesure 58° et l'aire de la fenêtre est approximativement égale à 1 m^2 (pour des raisons d'éclairement).

Le fabricant propose six largeurs différentes de fenêtres rectangulaires. Onze modèles sont fabriqués (tableau c).

Largeur / Modèle L = … (cm)	55 cm	70 cm	78 cm	94 cm	114 cm	134 cm
Modèle 3 : L = 98	A	(hachuré)	B	C	(hachuré)	D
Modèle 1 : L = 118	(hachuré)	E	F	G	(hachuré)	H
Modèle 2 : L = 160	(hachuré)	I	(hachuré)	J	K	(hachuré)

Tableau c : seules les cases non hachurées correspondent à des fenêtres fabriquées.

a) Déterminer graphiquement la (ou les) valeur(s) de l'allège.
b) Indiquer le(s) modèle(s) de fenêtre qu'il faut choisir. Justifier votre réponse.

SCIENCES PHYSIQUES

Exercice IV – Chaleur, lumière et corrosion

BARÈME	
BAC	5 pts

1) Le fabricant fournit pour une autre fenêtre modèle 2, référence J (voir tableau c), un coefficient de transmission thermique $K = 1{,}8\ W/m^2 \cdot °C$.
On donne la formule $P = K \cdot S \cdot \Delta\theta$.
Dans cette formule, P s'exprime en W, S en m^2 et $\Delta\theta$ en °C.
a) Le coefficient K doit-il être faible ou élevé pour un bon isolant thermique ?

b) Calculer l'aire S de cette fenêtre.

c) Pour un écart thermique $\Delta\theta = 15$ °C, calculer la puissance thermique perdue à travers cette fenêtre (on négligera les résistances superficielles).

2) Le flux lumineux Φ (en lumes) reçu à travers un vitrage vaut 4 500 lumens. La surface éclairée est un rectangle de longueur 1,60 m et de largeur 0,65 m.
On donne la formule $\Phi = ES$.
Dans cette formule, E s'exprime en lux et S en m^2.
a) Calculer, en lux, la valeur de l'éclairement E reçu par cette surface.

b) On désire obtenir le même flux lumineux, mais avec des lampes de puissance 75 watts et d'efficacité lumineuse 21 lumens par watt. Combien de lampes seront nécessaires ?

3) L'oxydation des métaux tel que le zinc, le plomb, l'aluminium est possible en présence de dioxygène de l'air en milieu acide.

Demi-équations d'oxydo-réduction :
Aluminium : $Al \rightleftharpoons Al^{3+} + 3e^-$
Zinc : $Zn \rightleftharpoons Zn^{2+} + 2e^-$
Dioxygène : $O_2 + 4H^+ + 4e^- \rightleftharpoons 2H_2O$

a) Écrire l'équation bilan de l'oxydation du zinc par le dioxygène en milieu acide. Écrire, de même, l'équation bilan de l'oxydation de l'aluminium en milieu acide.

b) Dans la pratique, on constate que les fenêtres en aluminium ne sont pas oxydées et que les gouttières en zinc sont attaquées très lentement. Proposer une explication à ces deux constatations.

CORRIGÉ DU SUJET N° 1

AVANT DE COMMENCER

Revoyez le cours sur les hydrocarbures, les nombres complexes.
Vous prendrez soin de porter une attention particulière sur le choix du vocabulaire employé pour votre rédaction, ainsi que dans le tracé des graphiques et des constructions.

SCIENCES PHYSIQUES

Exercice I

1.1) Il s'agit d'un mouvement rectiligne uniformément accéléré.

1.2) La vitesse du système a augmenté de $\frac{144 \times 10^3}{3\,600}$ m · s^{-1} en 13,33 secondes, soit en une seconde, l'accélération étant constante :

$$a = \frac{144 \times 10^3}{3\,600 \times 13{,}33} \approx 3 \text{ m} \cdot \text{s}^{-2}.$$

2.1) Le travail des forces est égal à la différence des énergies cinétiques à la fin et au début du freinage :

$$\text{W} = \frac{1}{2} m \text{V}_2^2 - \frac{1}{2} m \text{V}_1^2 = \frac{1}{2} m (\text{V}_2 - \text{V}_1)(\text{V}_2 + \text{V}_1)$$

$$\text{W} = \frac{1}{2} \times 280\,(144 - 90)(144 + 90)\,\frac{10^6}{(3\,600)^2}$$

$$\text{W} = -\,136\,500 \text{ J}.$$

2.2) Le travail d'une force est égal au produit de l'intensité de celle-ci par la distance parcourue :

$$\text{W} = \text{F} \cdot d \quad ; \quad \text{F} = \frac{\text{W}}{d} = \frac{136\,500}{40} \approx 3\,412 \text{ N}.$$

Exercice II

1) La molécule de formule brute C_3H_6 est du propène, ou propylène.

2) $M = 3 \times 12 + 6 \times 1 = 42\ g \cdot mol^{-1}$.

3.1) $C_3H_6 + H_2 = C_3H_8$.
3.2) Le produit obtenu est du propane, il s'agit d'un hydrocarbure saturé, ou alcane.

MATHÉMATIQUES

Exercice I

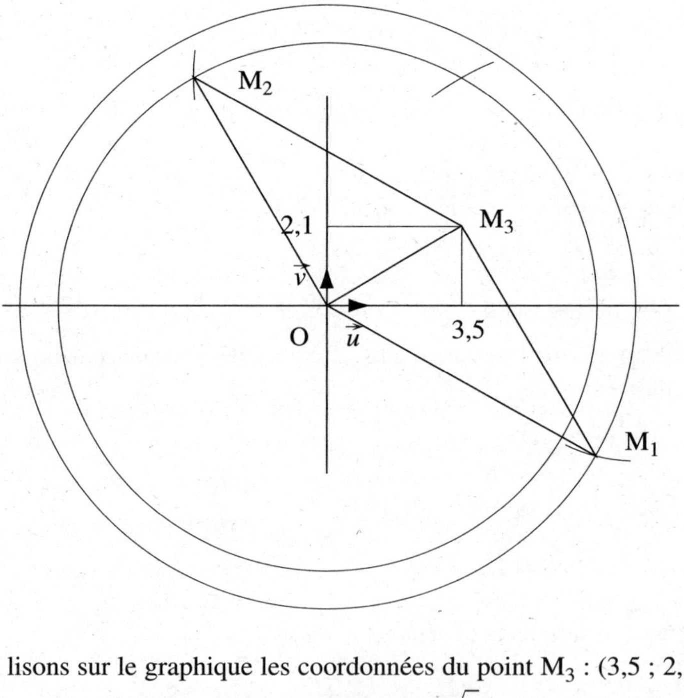

1) Nous lisons sur le graphique les coordonnées du point M_3 : (3,5 ; 2,1).

2.1) $Z_1 = 8\left[\cos\left(-\frac{\pi}{6}\right) + i\sin\left(-\frac{\pi}{6}\right)\right] = 8\left(\frac{\sqrt{3}}{2} - \frac{i}{2}\right) = 4\sqrt{3} - 4i$;

$$Z_2 = 7\left(\cos\frac{2\pi}{3} + i\sin\frac{2\pi}{3}\right) = 7\left(-\frac{1}{2} + \frac{i\sqrt{3}}{2}\right) = -\frac{7}{2} + i\,\frac{7\sqrt{3}}{2}.$$

2.2) $Z_3 = Z_1 + Z_2 = 4\sqrt{3} - \frac{7}{2} + i\left(\frac{7\sqrt{3}}{2} - 4\right).$

Nous obtenons des valeurs approchées des coordonnées de M_3 : (3,43 ; 2,06).

Exercice II

1.1) 1.2)

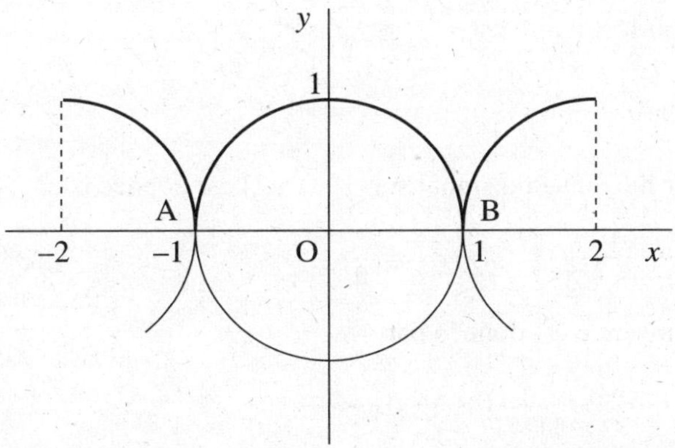

1.3) Le cercle $\mathscr{C}$ a pour centre le milieu du segment [AB], soit O et pour rayon la longueur OB soit 1. Un point M de coordonnées (x, y) appartient à ce cercle, si, et seulement si, sa distance au point O, ou le carré de cette distance, est égale à 1, ce qui s'écrit : $x^2 + y^2 = 1$.

1.4) La relation $y = \sqrt{1 - x^2}$ a un sens si x est dans l'intervalle $[-1 ; 1]$, la valeur correspondante de y est alors positive, $y = \sqrt{1 - x^2}$ est l'équation du demi-cercle situé « au-dessus » de l'axe des abscisses, ou encore situé dans le demi-plan caractérisé par $y \geqslant 0$.

2.1) Nous obtenons par translation les parties de la courbe correspondant aux intervalles $[-2 ; -1]$ et $[1 ; 2]$. ce sont des quarts de cercles dont les centres ont respectivement pour coordonnées $(-2 ; 0)$ et $(2 ; 0)$.

2.2) $[u(x)]^2 = 1 - x^2$; $\int_{-1}^{1} [u(x)]^2 \, dx = \int_{-1}^{1} (1 - x^2) \, dx.$

Nous utilisons la linéarité de l'intégrale :

$\int_{-1}^{1}(1-x^2)\,\mathrm{d}x = \int_{-1}^{1}\mathrm{d}x - \int_{-1}^{1}x^2\,\mathrm{d}x\,;$

et connaissant des primitives des fonctions $x \mapsto 1$ et $x \mapsto x^2$, sur $[-1\,;1]$:

$\int_{-1}^{1}\mathrm{d}x - \int_{-1}^{1}x^2\,\mathrm{d}x = [x]_{-1}^{1} - \left[\frac{x^3}{3}\right]_{-1}^{1} = 2 - \left(\frac{2}{3}\right) = \frac{4}{3}.$

2.3) $\int_{-1}^{1}u(x)\,\mathrm{d}x$ est la mesure algébrique de l'aire limitée par la courbe et l'axe des abscisses ; or cette aire algébrique est égale à l'aire géométrique correspondante. Puisque la courbe est entièrement dans le demi-plan $y \geqslant 0$, il s'agit d'un demi-cercle de rayon I, son aire est $\frac{\pi r^2}{2} = \frac{\pi}{2}$, soit

$$\int_{-1}^{1}u(x)\,\mathrm{d}x = \frac{\pi}{2}.$$

2.4) La valeur moyenne du signal sur $[-1\,;1]$ est donnée par :

$$\mathrm{M} = \frac{1}{1-(-1)}\int_{-1}^{1}u(x)\,\mathrm{d}x = \frac{\pi}{4}$$

et l'énergie moyenne est donnée par :

$$\mathrm{E_M} = \frac{1}{1-(-1)}\int_{-1}^{1}[u(x)]^2\,\mathrm{d}x = \frac{2}{3}.$$

Exercice III

1) En substituant à u et I les valeurs données, nous obtenons :

$$92\,802 = \mathrm{A} \times \ln 10{,}8 \quad ; \quad \text{ou} \quad \mathrm{A} = \frac{92\,802}{\ln 10{,}8} \approx 39\,000.$$

2.1.1) Sur l'intervalle $[1\,;2]$, $\frac{1}{x+2}$ est positif, donc, la dérivée de f, $\frac{39\,000}{x+2}$, étant positive, la fonction f est croissante sur $[1\,;2]$.

2.1.2) La fonction étant croissante, le maximum est atteint pour la plus grande valeur prise par la variable, soit 2, $\mathrm{G} = f(2) = 39\,000 \ln 12 \approx 96\,911$.
Le minimum est atteint pour la plus petite valeur prise par la variable, soit 1, $\mathrm{P} = f(1) = 39\,000 \ln 9 \approx 85\,692$.

$$m = \frac{39\,000\,(\ln 12 + \ln 9)}{2} = 19\,500 \ln 108 \approx 91\,302.$$

2.2.1)

x	0,5	0,8	1	1,6	2	2,5
$f(x)$	78 581	83 001	85 692	92 802	96 911	101 505

2.2.2) Le coefficient directeur de la tangente à la courbe au point d'abscisse 1 est la valeur de la fonction dérivée en ce point : $f'(1) = \dfrac{39\,000}{3} = 13\,000$.

De même, le coefficient directeur de la tangente au point d'abscisse 2 est :

$f'(2) = \dfrac{39\,000}{4} = 9\,750$.

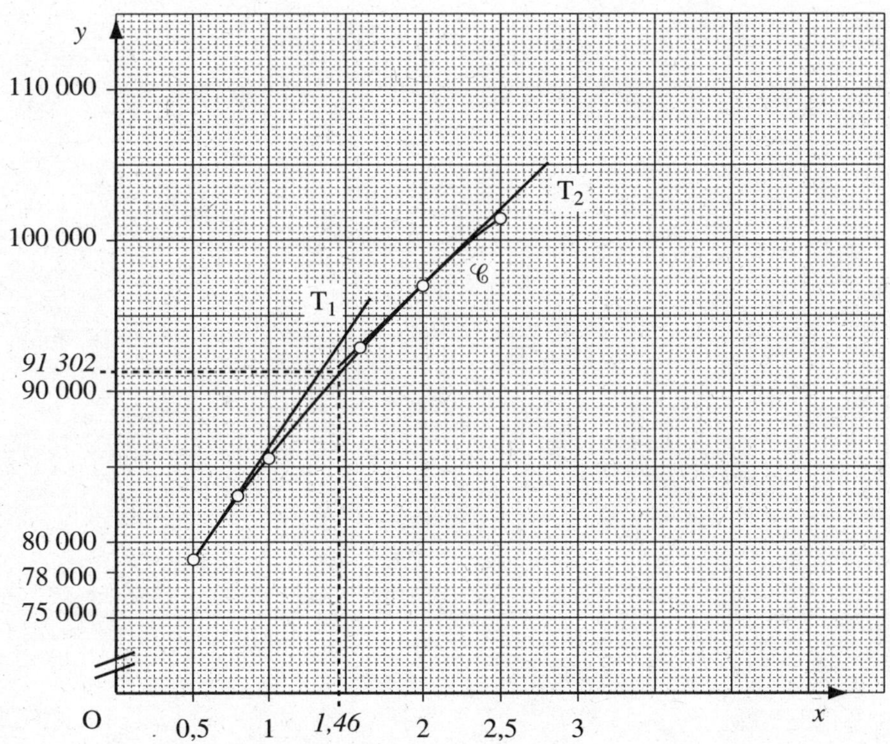

2.3.1) Nous recherchons graphiquement l'abscisse du point de la courbe dont l'ordonnée est m, nous obtenons environ 1,46.

2.3.2) Dans l'équation $m = f(x)$, nous substituons à chaque membre sa valeur :
$19\,500 \ln 108 = 39\,000 \ln (3x + 6)$;
nous divisons les deux membres de cette équation par 39 000, et en remarquant que $108 = 36 \times 3 = 6^2 \times 3 = (6\sqrt{3})^2$, nous obtenons l'équation équivalente :

$$\frac{\ln (6\sqrt{3})^2}{2} = \ln (3x + 6) \text{ ;}$$

et en utilisant les propriétés du logarithme :

$$\frac{2 \ln 6\sqrt{3}}{2} = \ln (3x + 6) \text{ ; } \quad \text{ou} \quad \ln 6\sqrt{3} = \ln (3x + 6).$$

La fonction logarithme étant bijective, cette dernière équation s'écrit encore :

$$6\sqrt{3} = 3x + 6,$$

ou $\quad x = \dfrac{6(\sqrt{3} - 1)}{3}$; $\quad$ enfin $x = 2(\sqrt{3} - 1) \approx 1{,}46$.

CORRIGÉ DU SUJET N° 2

AVANT DE COMMENCER

Ce sujet est exclusivement réservé aux options « Métiers de l'électricité ». Il traite uniquement de signaux.

MATHÉMATIQUES

Exercice I

Partie A

1) $m_1 = \dfrac{1}{b-a}\displaystyle\int_a^b s(t)\,\mathrm{d}t$;

$$m_1 = \frac{1}{T}\int_0^T u_1(t)\,\mathrm{d}t\ ;$$

nous utilisons la relation de Chasles pour les intégrales :

$$m_1 = \frac{1}{T}\int_0^{T/2} 5\,\mathrm{d}t + \frac{1}{T}\int_{T/2}^{1} 0\,\mathrm{d}t\ ;$$

$$m_1 = \frac{1}{T} \times 5\,\frac{T}{2}\ ;$$

$$m_1 = \frac{5}{2}.$$

2) Nous utilisons les propriétés de l'intégrale en tenant compte du fait que la fonction u_1 est nulle sur l'intervalle $\left[\dfrac{T}{2}\,;\,T\right]$:

$$a_1 = \frac{2}{T}\int_0^T u_1(t)\cos\left(\frac{2\pi}{T}t\right)\mathrm{d}t = \frac{2}{T}\int_0^{T/2} 5\cos\left(\frac{2\pi}{T}t\right)\mathrm{d}t\ ;$$

$$a_1 = \frac{2}{T}\,\frac{5T}{2\pi}\sin\left(\frac{2\pi}{T}\cdot\frac{T}{2}\right);$$

$$a_1 = \frac{5}{\pi}\sin\pi\ ;$$

$$a_1 = 0.$$

De la même manière nous calculons b_1 :

$$b_1 = \frac{2}{T}\int_0^T u_1(t)\sin\left(\frac{2\pi}{T}t\right)dt = \frac{2}{T}\int_0^{T/2} 5\sin\left(\frac{2\pi}{T}t\right)dt\ ;$$

$$b_1 = -\frac{2}{T}\,\frac{5T}{2\pi}\cos\left(\frac{2\pi}{T}\cdot\frac{T}{2}\right) + \frac{2}{T}\,\frac{5T}{2\pi}\cos 0\ ;$$

$$b_1 = -\frac{5}{\pi}\cos\pi + \frac{5}{\pi}\cos 0\ ;$$

$$b_1 = \frac{10}{\pi} \approx 3{,}2.$$

Partie B

1.1)

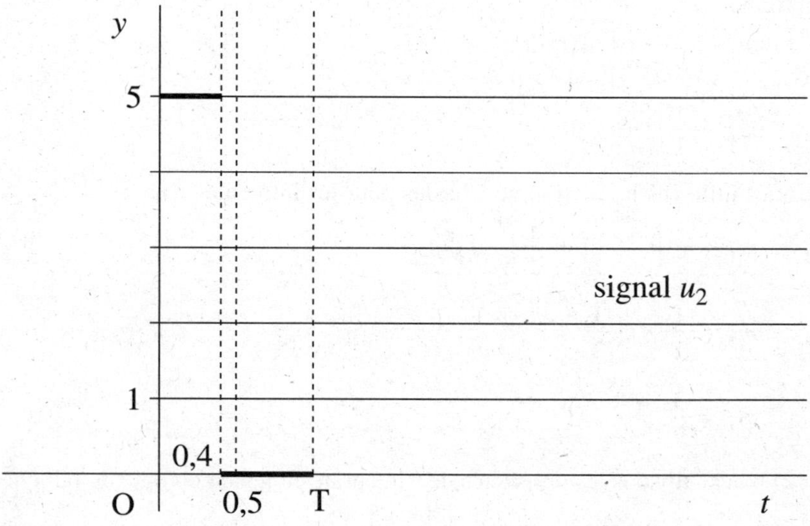

1.2) $m_2 = \dfrac{1}{T}\displaystyle\int_0^T u_2(t)\,dt\ ;$

$$m_2 = \frac{1}{T}\int_0^{0,4T} 5\,dt + \frac{1}{T}\int_{0,4T}^{T} 0\,dt\ ;$$

$$m_2 = \frac{1}{T} \times 5 \times 0{,}4T\ ;$$

$$m_2 = 2.$$

2.1)

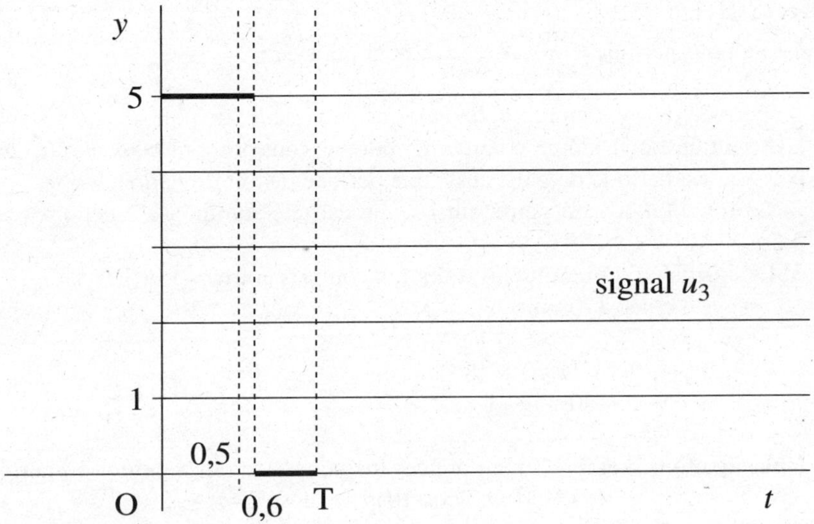

2.2) $m_3 = \dfrac{1}{T}\displaystyle\int_0^T u_3(t)\,dt$;

$$m_3 = \frac{1}{T}\int_0^{0,6T} 5\,dt + \frac{1}{T}\int_{0,6T}^{T} 0\,dt \ ;$$

$$m_3 = \frac{1}{T} \times 5 \times 0,6T \ ;$$

$$m_3 = 3.$$

3) En utilisant les résultats donnés, nous obtenons :

$$m = \frac{1}{1\,200T}\int_0^{1200T} u(t)\,dt \ ;$$

$$m = \frac{m_1}{6} + \frac{m_2}{3} + \frac{m_3}{2} \ ;$$

$$m = \frac{m_1 + 2m_2 + 3m_3}{6} \ ;$$

$$m = \frac{2,5 + 4 + 9}{6} = \frac{15,5}{6} \ ;$$

$$m \approx 2,58.$$

Exercice II

1) g a pour période $\dfrac{2\pi}{10\pi} = \dfrac{1}{5}$; h a pour période $\dfrac{2\pi}{30\pi} = \dfrac{1}{15}$.

La période de g est un multiple entier de celle de h ; de plus, f est constante, donc elle peut être considérée comme périodique, tout nombre pouvant être pris pour période. La période de g est aussi une période de f et de h, donc de s.

2) La fonction cos est paire, ainsi s, qui est une somme de fonctions paires, est paire.

3) Le cosinus d'un nombre est toujours compris entre -1 et 1 :

$$-1 \leqslant \cos(10\pi t) \leqslant 1$$

$$-9 \leqslant 9\cos(10\pi t) \leqslant 9$$
$$-1 \leqslant \cos(30\pi t) \leqslant 1$$

Nous ajoutons membre à membre ces inégalités et nous ajoutons 10 partout :

$$0 \leqslant 10 + 9\cos(10\pi t) + \cos(30\pi t) \leqslant 20.$$

4)

t	0	0,01	0,02	0,03	0,04	0,05	0,06	0,07	0,08	0,09	0,1
$s(t)$	20	19,15	16,97	14,34	11,97	10	8,03	5,66	3,03	0,85	0

5.1) $s'(t) = -90\pi\sin(10\pi t) - 30\pi\sin(30\pi t)$.

5.2) $\sin(30\pi t) = \sin(10\pi t)\cos(20\pi t) + \sin(20\pi t)\cos(10\pi t)$,
$\sin(30\pi t) = \sin(10\pi t)\cos(20\pi t) + 2\sin(10\pi t)\cos^2(10\pi t)$,
et en mettant $-30\pi\sin(10\pi t)$ en facteur, nous obtenons :

$$s'(t) = -30\pi\sin(10\pi t)[2\cos^2(10\pi t) + \cos(20\pi t) + 3].$$

5.3) $\cos^2(10\pi t) \geqslant 0$,
$\cos(20\pi t) \geqslant -1$,
$2\cos^2(10\pi t) + \cos(20\pi t) + 3 \geqslant 2$.

Ce facteur étant positif, $s'(t)$ est du signe de l'autre facteur, $s'(t)$ est du signe de $-\sin(10\pi t)$.

5.4) Lorsque t varie de 0 à 0,1, $10\pi t$ varie de 0 à π :

t	0		0,05		0,1
$10\pi t$	0		$\dfrac{\pi}{2}$		π
$\sin(10\pi t)$	0	+	1	+	0

5.5) s a une dérivée toujours négative, c'est donc une fonction décroissante sur l'intervalle [0 ; 0,1].

t	0		0,1
$s'(t)$		–	
$s(t)$	20	↘	0

6) Lorsque la courbe est tracée sur [0 ; 0,1], nous la complétons par symétrie par rapport à (Oy) (fonction paire), puis par translation parallèle à (Ox) (fonction périodique).

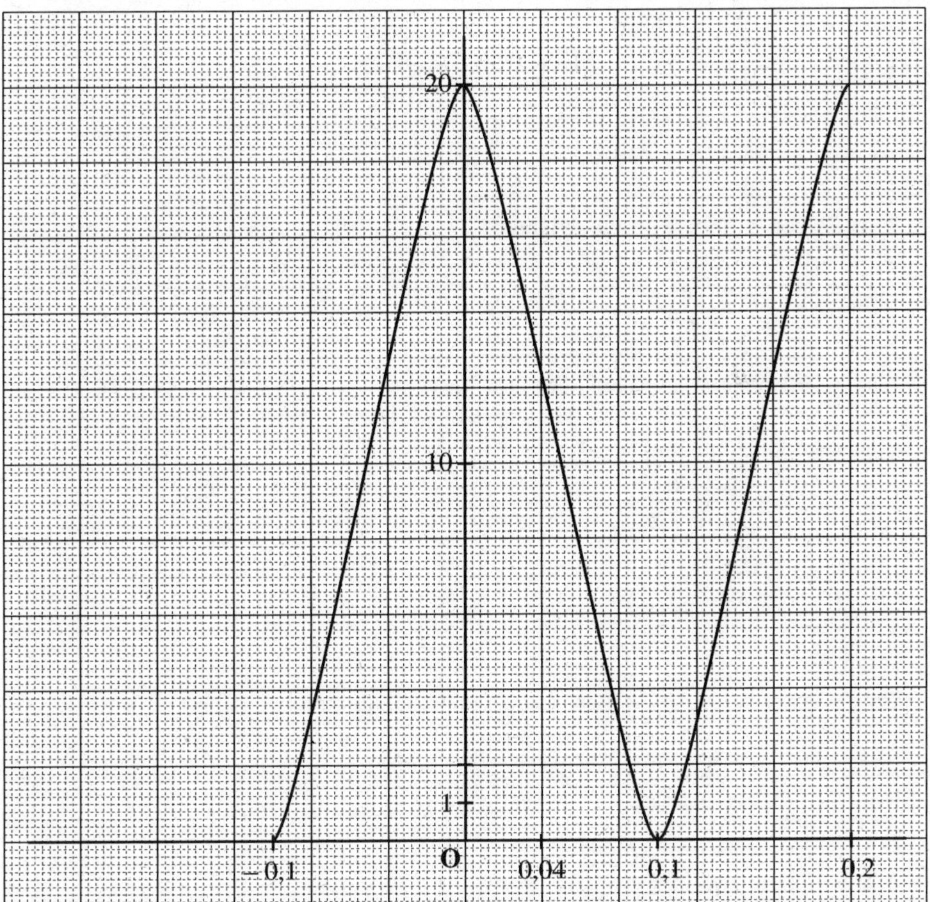

CORRIGÉ DU SUJET N° 3

AVANT DE COMMENCER

Revoyez les fonctions logarithmes et leurs propriétés.
Revoyez les constructions géométriques relatives à la somme de deux fonctions, au produit d'une fonction par un nombre.

MATHÉMATIQUES

Exercice I

1) et 2) Voir graphique page suivante.

3.1) Nous exprimons que les points B et C appartiennent à la droite (BC) :

$6 = a \times 7{,}5 + b$;

$8{,}7 = a \times 12{,}2 + b$.

b ayant la même valeur dans les deux équations :

$6 - 7{,}5a = 8{,}7 - 12{,}2a$;

nous en déduisons a :

$$a = \frac{8{,}7 - 6}{12{,}2 - 7{,}5} ;$$

$$a = \frac{27}{47} ;$$

$$a \approx 0{,}57.$$

En reportant la valeur de a dans une des deux équations de départ :

$$6 - 7{,}5 \times \frac{27}{47} = b ;$$

$$b \approx 1{,}69.$$

3.2) L'équation de la droite (BC) est $y = 0{,}57x + 1{,}69$.

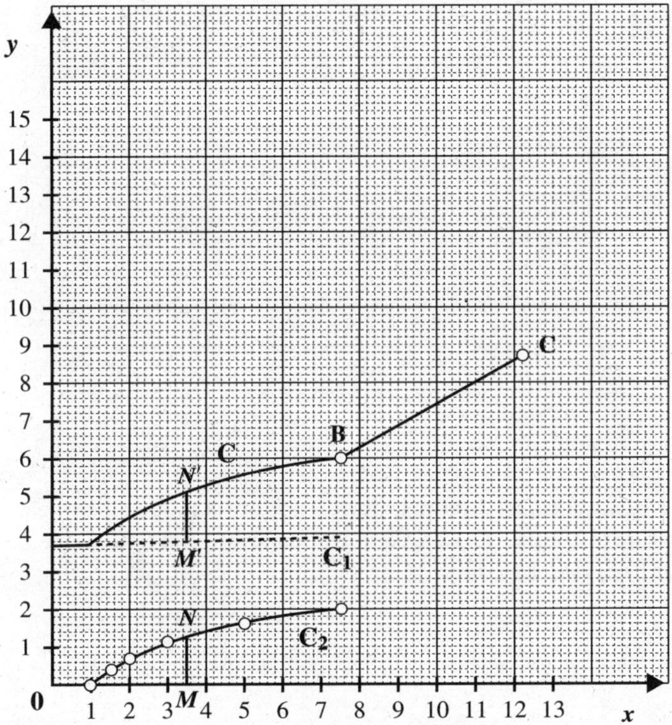

Exercice II

1) Voir graphique ci-dessus.

2) f, polynôme du premier degré, est une fonction affine dont la représentation est une droite. Pour tracer une droite, il nous faut en connaître deux points : pour $x = 1$, $y = 3{,}75$; pour $x = 7{,}5$, $y = 3{,}945$.

Exercice III

1) Nous utilisons la propriété fondamentale des fonctions logarithmes :

$\ln 6 = \ln 2 + \ln 3$;

$\ln 6 \approx 0{,}693 + 1{,}098$;

$\ln 6 \approx 1{,}791$;

$\ln 6 \approx 1{,}8$.

2) $g'(x) = \frac{1}{x}$.

x	1		7,5
$g'(x)$		+	
$g(x)$	0	↗	≈ 2

3.1)

x	1	1,5	2	3	5	6	7,5
$g(x)$	0	0,4	0,7	1,1	1,6	1,8	2

3.2) Voir graphique ci-contre.

4) Pour obtenir le profil du capot, nous reportons à l'aide du compas les distances des points de la courbe (C_2) à l'axe (Ox) , à partir des points de même abscisse sur (C_1) ; sur le dessin, MN = M′N′.

Exercice IV

1.1)

Classe	Centre de classe x_i	Nombre de personnes n_i	Fréquences en %	Fréquences cumulées croissantes en %	$n_i x_i$
[0 ; 10[	5	57	11,4	11,4	285
[10 ; 20[	15	84	16,8	28,2	1 260
[20 ; 30[	25	140	28	56,2	3 500
[30 ; 40[	35	72	14,4	70,6	2 520
[40 ; 50[	45	37	7,4	78	1 665
[50 ; 60[	55	98	19,6	97,6	5 390
[60 ; 70[	65	12	2,4	100	780
Total		500	100		15 400

1.2) $\bar{x} = \frac{15\,400}{500} = 30{,}8$.

2)

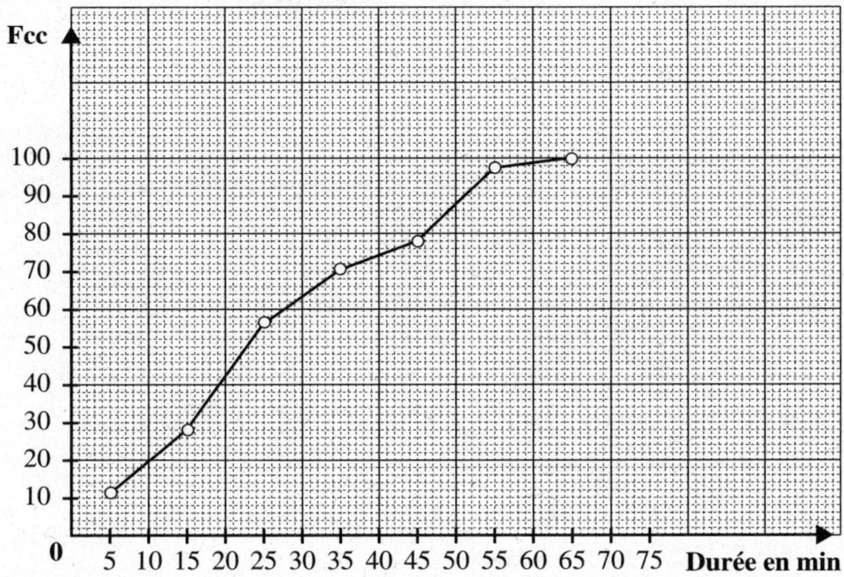

3) Le nombre de personnes qui consacrent entre 20 et 60 minutes au nettoyage de leur voiture est : 140 + 72 + 37 + 98 = 347 ; soit en pourcentage :

$$\frac{347 \times 100}{500} = 69{,}4\ \%.$$

La condition est satisfaite.

Exercice V

1) La raison d'une suite géométrique est le rapport de deux termes consécutifs :

$$\frac{U_2}{U_1} = 1{,}0575.$$

2) $U_5 = 29\,400 \times 1{,}0575^4$;
$U_5 \approx 36\,768$ euros.

SCIENCES PHYSIQUES

Exercice I

1.1) Le rendement du moteur est le rapport de la puissance utile à la puissance absorbée :

$$P_{abs} = \frac{P_u}{\eta};$$

$P_{abs} \approx 1\,042$ W ;
$P_{abs} \approx 1{,}04$ kW.

1.2) Puissance absorbée, tension et intensité sont liées par la relation :

$$P = \sqrt{3} \cdot U \cdot I \cdot \cos\varphi \;;$$

$$I = \frac{1{,}04 \times 10^3}{\sqrt{3} \times 380 \times 0{,}75} \;;$$

$I \approx 2$ A.

1.3) Le couple est lié à la puissance par la relation :

$$P = 2\pi \cdot n \cdot M \;;$$

$$M = \frac{1{,}04 \times 10^3 \times 60}{2\pi \times 1\,470} \;;$$

$M \approx 6{,}8$ N · m.

2)

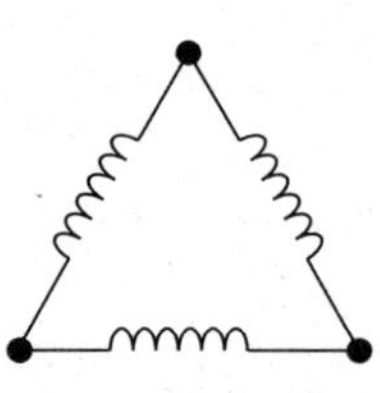

3.1) La fréquence de synchronisme pour un moteur quatre pôles est 1 500 tr/min.

3.2) Le glissement en pourcentage : $\dfrac{1\,500 - 1\,470}{1\,500} \times 100 = 2\ \%$.

CORRIGÉ DU SUJET N° 4

AVANT DE COMMENCER

Un bon exercice de géométrie. Revoir les théorèmes de Thalès et de Pythagore, leurs différentes utilisations.
Prenez l'habitude de donner un résultat exact avant une valeur approchée.
En chimie, revoir les réactions d'oxydo-réduction.

MATHÉMATIQUES

Exercice I

1.1)

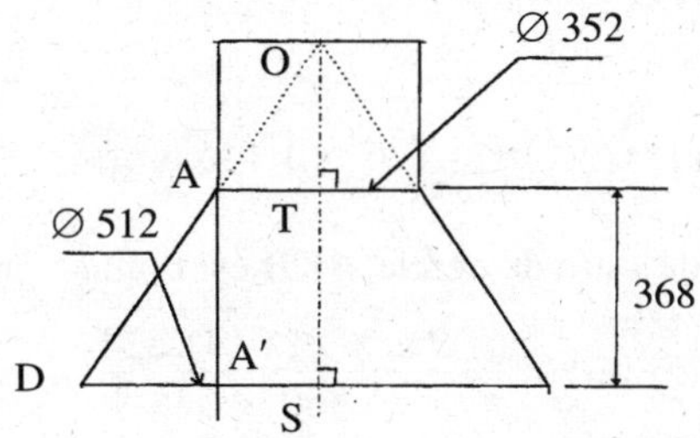

1.2) $DA' = DS - A'S = DS - AT$;
$DA' = 256 - 176 = 80$ mm.

1.3) Dans le triangle rectangle ADA′, nous appliquons le théorème de Pythagore :
$AD^2 = A'D^2 + AA'^2$;
$AD^2 = 80^2 + 368^2$;
$AD^2 = 141\,824$;
finalement :
$AD = \sqrt{141\,824}$ mm.

1.4) Dans le triangle OSD, la droite AA′ est parallèle au côté OS. Nous appliquons donc le théorème de Thalès :

$$\frac{\text{OA}}{\text{OD}} = \frac{\text{SA}'}{\text{SD}} ;$$

$$\frac{\text{OA}}{\text{OD}} = \frac{176}{256} = \frac{11}{16} ;$$

$$\text{OA} = \frac{11}{16}\,\text{OD} ;$$

mais OD = OA + AD ;

$$\text{OA} = \frac{11}{16}(\text{OA} + \text{AD}) ;$$

$$\frac{5}{16}\,\text{OA} = \frac{11}{16}\,\text{AD} ;$$

enfin :

$$\text{OA} = \frac{11}{5}\,\text{AD}.$$

1.5) $\text{OA} = \frac{11}{5}\sqrt{141\,824} \approx 829$ mm.

$$\text{OD} = \frac{16}{5}\sqrt{141\,824} \approx 1\,205 \text{ mm}.$$

2) Longueur du cercle C : $2\,\pi \times 176 \approx 1\,106$ mm.

3.1) La longueur ℓ de l'arc de cercle $\overset{\frown}{\text{AKB}}$ est donnée par :

$$\ell = \frac{2\pi\,\text{OA}}{360}\alpha \text{ mm} ;\ \ell = \frac{2\pi \times 11\sqrt{141\,824}}{360 \times 5}\,\alpha ;$$

$$\ell = \frac{22\pi\sqrt{141\,824}}{1\,800}\,\alpha \approx 14{,}46\,\alpha.$$

3.2) L'égalité précédente s'écrit :

$$2\,\pi \times 176 = \frac{22\pi\sqrt{141\,824}}{1\,800}\,\alpha ;$$

nous déduisons α :

$$\alpha = \frac{2\pi \times 176 \times 1\,800}{22\pi\sqrt{141\,824}} = \frac{16 \times 1\,800}{\sqrt{141\,824}} ;$$

$$\alpha \approx 76{,}5°.$$

4) Dans le triangle rectangle AOH, nous écrivons :

$$OH = OA \cos \widehat{AOH} ;$$

$$OH = OA \cos \frac{\alpha}{2} ;$$

$$MP = OH' - OH = OD - OA \cos \frac{\alpha}{2};$$

$$MP = \sqrt{141\,824}\left(\frac{16}{5} - \frac{11}{5}\cos\frac{\alpha}{2}\right);$$

$$MP \approx 554 \text{ mm}.$$

Exercice II

1) Le côté de la base carrée du parallélépipède est $1{,}3 - 2x$, la hauteur du parallélépipède est x. Nous écrivons son volume :

$$V = (1{,}3 - 2x)^2 \times x ;$$

nous développons :

$$V = 4x^3 - 5{,}2x^2 + 1{,}69x.$$

2.1)

x	0,1	0,15	0,2	0,25	0,3	0,35	0,4	0,45	0,5	0,55	0,6
$f(x)$	0,121	0,15	0,162	0,16	0,147	0,126	0,1	0,072	0,045	0,022	0,006

2.2.1) La dérivée d'une somme est égale à la somme des dérivées :

$$f'(x) = 12x^2 - 10{,}4x + 1{,}69.$$

2.2.2) Lorsque la dérivée est négative, entre $\frac{13}{60}$ et 0,65, la fonction est décroissante ; lorsque la dérivée est positive, la fonction est croissante :

x	0,1		13/60		0,6
$f'(x)$		+	0	–	
$f(x)$	0,121	↗	≈ 0,16	↘	0,006

2.3.1) Voir graphique ci-dessous.

2.3.2) La lecture du graphique nous donne comme solutions de l'équation $f(x) = 0{,}14$, les valeurs 0,13 et 0,32.

3) La fonction f représente le volume du bac en fonction de x qui représente la profondeur de ce bac. Un volume de 0,14 m^3 est obtenu lorsque la profondeur est 0,13 m ou 0,32 m ; la profondeur la plus petite étant alors 0,13 m.

Les dimensions du bac sont :
(1,3 − 0,26 ; 1,3 − 0,26 ; 0,13) ; soit (1,04 m ; 1,04 m ; 0,13 m).

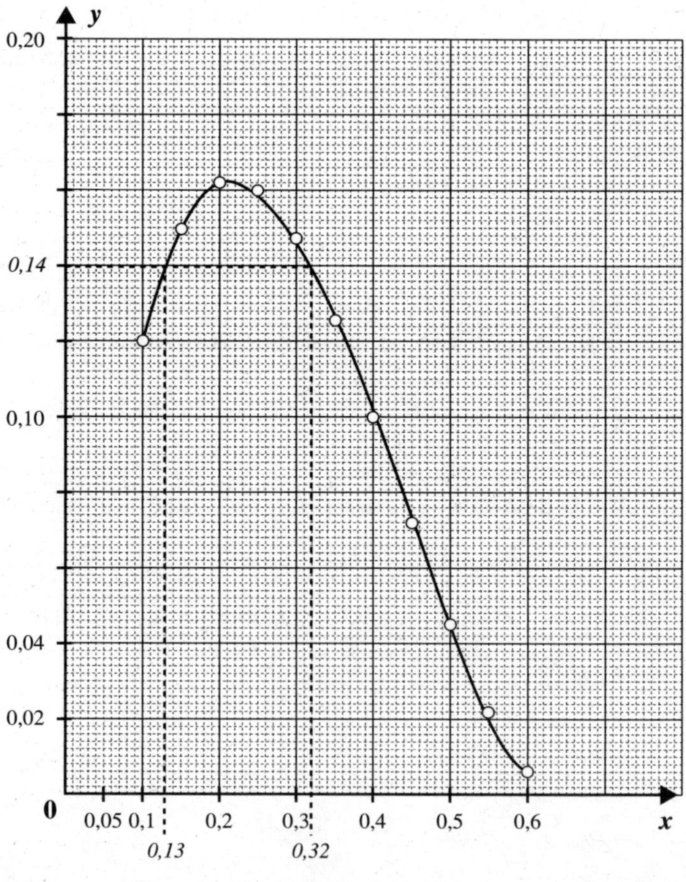

SCIENCES PHYSIQUES

Exercice I – Électricité

1) La pulsation ω est égale à $2\pi f$; la relation $Z = \sqrt{R^2 + L^2\omega^2}$ s'écrit :

$$Z = \sqrt{2\,500 + 0{,}01 \times 4 \times 2\,500\,\pi^2}\,;$$
$$Z \approx 59\ \Omega.$$

U est alors donné par la relation $U = ZI$;

$$U \approx 59 \times 2\,;$$
$$U \approx 118\ \text{V}.$$

2) $$\cos \varphi = \frac{50}{59} \approx 0{,}85.$$

$$P \approx 118 \times 2 \times 0{,}85\,;$$
$$P \approx 201\ \text{W}.$$

Exercice II – Chimie

1.1) Le pouvoir oxydant du fer est supérieur à celui du zinc. Les deux demi équations sont donc :

$$Fe^{2+} + 2e^- \rightarrow Fe\,;$$
$$Zn \rightarrow Zn^{2+} + 2e^-.$$

1.2) L'anode (+) est l'électrode en fer ; la cathode (−) est l'électrode en zinc.

2) Le zinc ou le chrome ont un pouvoir réducteur supérieur à celui du fer. Recouvrant une tôle de fer, ils la protègent de la corrosion. Cette protection cesse si la couche est interrompue.
Le nickel a un pouvoir réducteur inférieur à celui de fer.

CORRIGÉ DU SUJET N° 5

AVANT DE COMMENCER

Revoir d'une façon approfondie, les fonctions logarithmes, y compris les repères à échelle semi-logarithmique.

MATHÉMATIQUES

Exercice I

1) 1991 : $\dfrac{791}{5\,080} \times 100 \approx 15{,}6\ \%$.

1992 : $\dfrac{941}{6\,533} \times 100 \approx 14{,}4\ \%$.

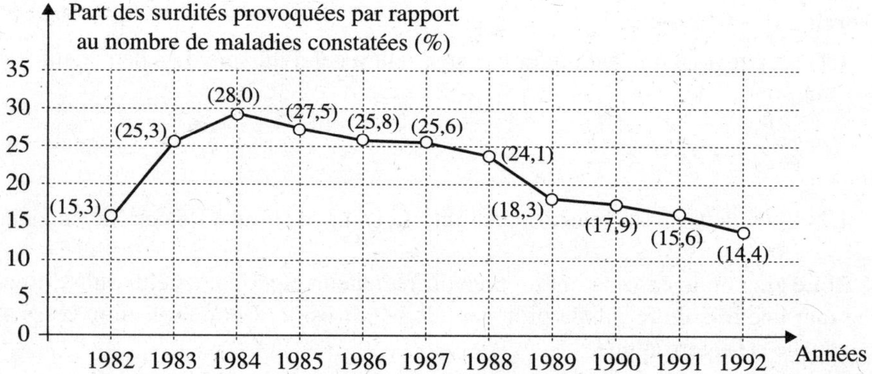

2) Le nombre de surdités déclarées en 1990 représente, d'après le graphique, 17,9 % du nombre de maladies constatées, soit $4\,417 \times \dfrac{17{,}9}{100} = 791$.

Exercice II

1) Pour P = 0,01 W, nous obtenons, en utilisant les propriétés fondamentales des fonctions logarithmes :

$$L = 120 + 10 \lg 0{,}01 - 10 \lg 4\pi - 20 \lg R\ ;$$

$$L \approx 120 - 20 - 11 - 20 \lg R\ ;$$

nous retiendrons

$$L = 89 - 20 \lg R.$$

2)

x	1		50
$f'(x)$		$-$	
$f(x)$	89	↘	55

3)

x	1	2	5	10	15	20	30	40	50
$f(x)$	89	83	75	69	65,5	63	59,5	57	55

4)

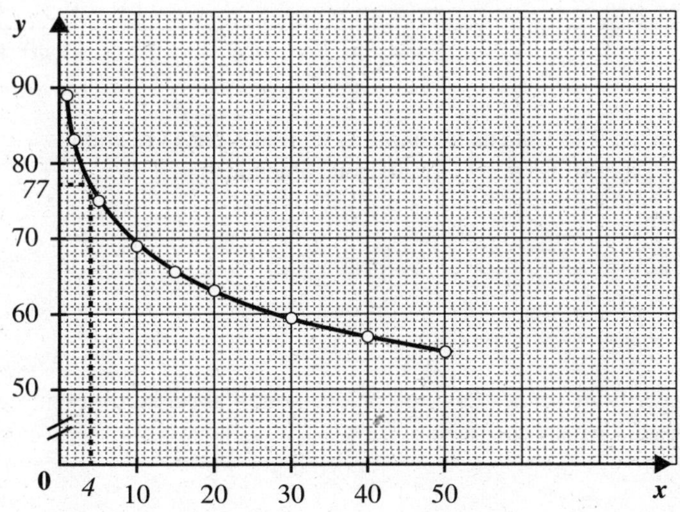

5)

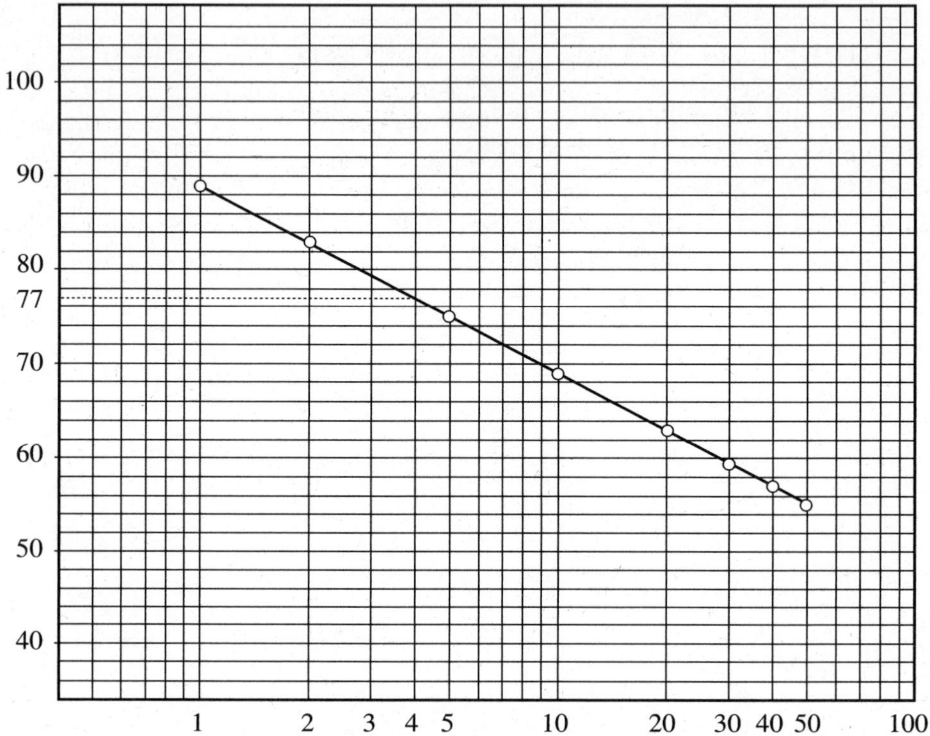

6) La distance R et l'intensité sonore L sont liées par la relation :
$L = 89 - 20 \lg R$. Pour $L = 77$ dB nous obtenons :

$$\lg R = \frac{89 - 77}{20} \; ;$$

ou

$$R = 10^{0,6} \; ;$$
$$R \approx 4 \text{ m.}$$

7) Nous vérifions sur les deux graphiques que l'abscisse du point de la courbe d'ordonnée 77 est proche de 4.

Exercice III

1) La différence des intensités sonores entre M_1 et M_2 est 6 dB. La correction à apporter est alors de + 0,97. Nous obtenons $83 + 0{,}97 \approx 84$ dB.

2) Si M_3 fonctionne avec M_1, la différence d'intensité sonore est 12 dB. La correction à apporter est alors de + 0,27. Nous obtenons $83 + 0{,}27 \approx 83{,}3$ dB ; alors que si M_3 fonctionnait avec M_2, la différence de niveau sonore serait 6 dB. La correction à apporter étant alors de + 0,97, nous obtiendrions :
$83 + 0{,}97 \approx 84$ dB.

M_3 fonctionne avec la machine M_1.

SCIENCES PHYSIQUES

Exercice IV

1) La période peut être mesurée par la distance entre deux pics, soit ici cinq divisions ou 0,25 ms.

2) La fréquence est l'inverse de la période en secondes :

$$f = \frac{1}{25 \cdot 10^{-5}};$$

$$f = 4 \cdot 10^3 \text{ Hz}.$$

3) La hauteur du son dépend de sa fréquence, 4 000 Hz est ici classé « aigu ».

4) Un son de 1 000 Hz est plus grave que le son de 4 000 Hz.

5) 5 divisions doivent représenter 10^{-3} s, une division doit donc représenter $2 \cdot 10^{-4}$ s ou 0,2 ms.

Exercice V

1) Les audiogrammes montrent que l'oreille présente une différence pour 4 000 Hz. Le minimum d'audition à 4 000 Hz est présent sur les trois audiogrammes.

2) 250 Hz à environ 3 500 Hz.

3) 4 000 Hz est une fréquence non utilisée pour une conversation ; on peut participer sans problème à une conversation à 1 m avec un déficit auditif à 4 000 Hz.

4) C'est le casque 355-90 qui est le mieux adapté car il produit un meilleur affaiblissement de l'intensité sonore.

5)

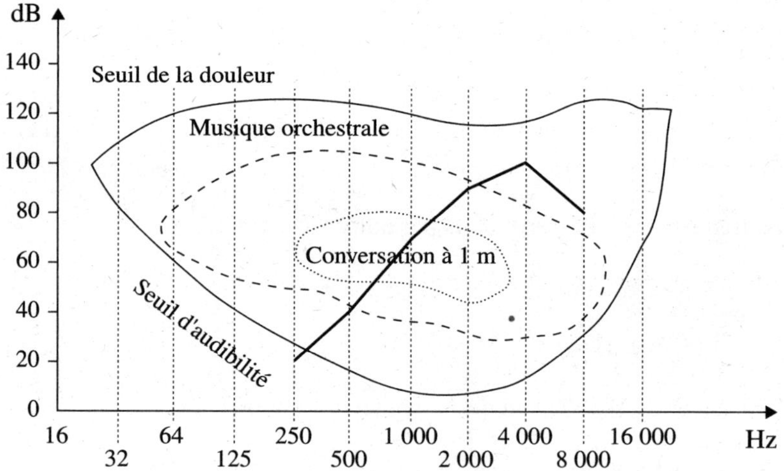

CORRIGÉ DU SUJET N° 6

AVANT DE COMMENCER

Bon sujet pour commencer les révisions, pour toutes les sections.

MATHÉMATIQUES

Exercice I

1) $u_2 - u_1 = u_3 - u_2 = u_4 - u_3 = -6$.

2) La suite (u_n) est une suite arithmétique car la différence de deux termes consécutifs est constante. Sa raison est -6.

3) Le 22e terme de la suite est donné par :

$$u_{22} = 213 + 21 \times (-6)\ ;$$
$$u_{22} = 87.$$

Sur le 22e rang, le couvreur disposera 87 ardoises.

4) Le terme de rang n de la suite arithmétique étudiée est donné par :

$$u_n = u_1 + (n-1)r\ ;$$

ici,

$$9 = 213 - 6 \times (n-1)\ ;$$
$$n = \frac{9 - 213 - 6}{-6} = \frac{-210}{-6}\ ;$$
$$n = 35.$$

Le toit est recouvert par 35 rangs d'ardoises.

5) La somme des 35 premiers termes de la suite arithmétique est :

$$S_{35} = 35 \times 213 + (-6) \times \frac{34 \times 35}{2}\ ;$$

$$S_{35} = 3\,885.$$

Le toit est recouvert par 3 885 ardoises.

6) La somme des n premiers termes d'une suite arithmétique est donnée par :

$$S_n = n \cdot u_1 + r \times \frac{n(n-1)}{2} ;$$

ici :

$$S_n = n \times 213 + (-6) \times \frac{n(n-1)}{2} ;$$

$$S_n = 213n - 3n^2 + 3n ;$$
$$S_n = -3n^2 + 216n.$$

Il est important de remarquer ici que le problème concret de la couverture du toit impose une condition implicite : la suite est limitée au nombre de rangées d'ardoises. Si l'on dépassait le 35e rang, on obtiendrait un rang contenant 0 ardoise, puis des rangs contenant un nombre négatif d'ardoises.
Nous poserons donc $n < 36$.

7) La condition imposée se traduit par : $S_n \leqslant 2\,000$;
soit :

$$-3n^2 + 216n \leqslant 2\,000 ;$$
$$-3n^2 + 216n - 2\,000 \leqslant 0 ;$$

ou encore, en multipliant les deux membres de cette inéquation par -1 :

$$3n^2 - 216n + 2\,000 \geqslant 0.$$

Nous étudions le signe du trinôme $3n^2 - 216n + 2\,000$; son discriminant est :

$$\Delta = 216^2 - 4 \times 3 \times 2\,000 ;$$
$$\Delta = 22\,656 ;$$
$$\Delta \approx 150{,}5^2.$$

Les racines du trinôme sont :

$$x_1 = \frac{216 + 150{,}5}{6} ; x_1 \approx 61{,}1.$$

$$x_2 = \frac{216 - 150{,}5}{6} ; x_2 \approx 10{,}9.$$

Comme nous l'avons déjà remarqué, le nombre de rangs doit être inférieur à 36. Le couvreur pourra alors réaliser 10 rangs entiers avec le stock d'ardoises dont il dispose.

Exercice II

1.1) M(2 ; 6,50) ; N(8 ; 2).

1.2) Nous exprimons que les points M et N appartiennent à la courbe :

$$6{,}5 = \frac{a}{2} + b\ ;$$

$$2 = \frac{a}{8} + b.$$

b a la même valeur dans les deux équations :

$$6{,}5 - \frac{a}{2} = 2 - \frac{a}{8}\ ;$$

$$4{,}5 = \frac{a}{2} - \frac{a}{8}\ ;$$

$$\frac{3a}{8} = 4{,}5\ ;$$

enfin :

$$a = \frac{8 \times 4{,}5}{3}\ ;$$

$$a = 12.$$

En reportant la valeur de a dans une des équations de départ :

$$2 = \frac{12}{8} + b\ ;$$

$$b = 0{,}5.$$

L'équation de $\mathscr{C}$ s'écrit : $y = \dfrac{12}{x} + 0{,}5$.

2.1)

x	2	2,5	3	4	5	6	7	8
$f(x)$	6,5	5,3	4,5	3,5	2,9	2,5	2,2	2

2.2)

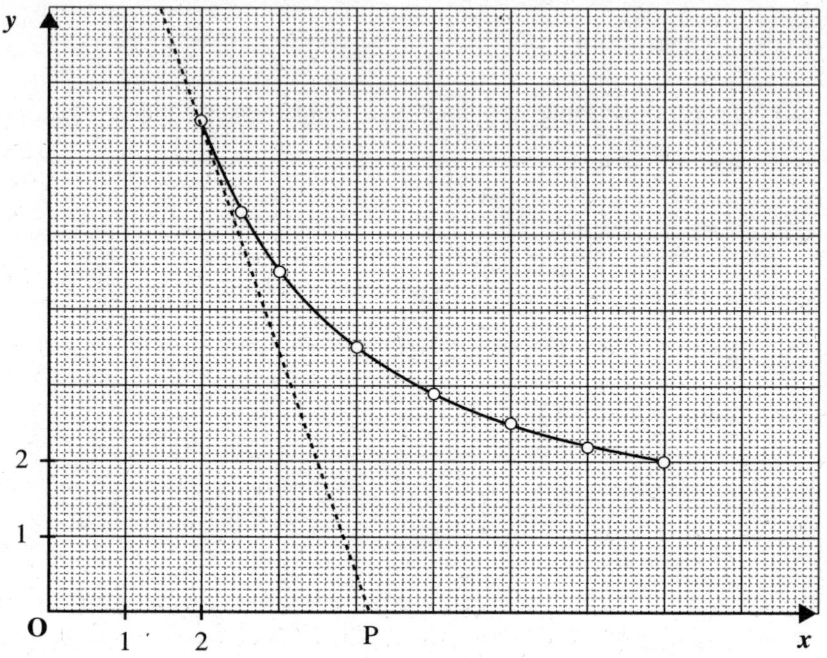

3) $f'(x) = -\dfrac{12}{x^2}$.

4.1) Le coefficient directeur de la tangente à la courbe en un de ses points est égal au nombre dérivé de la fonction en ce point :

$$f'(2) = -3.$$

4.2) Le point P est le point de T qui est sur l'axe (Ox), son ordonnée est nulle ; son abscisse x vérifie :

$$6{,}5 - 0 = -3(2 - x)\ ;$$

de cette équation, nous déduisons x :

$$x = \frac{6{,}5 + 6}{3} = \frac{12{,}5}{3}.$$

Les coordonnées de P sont $\left(\dfrac{12{,}5}{3}\ ;\ 0\right)$.

4.3) Voir le graphique.

SCIENCES PHYSIQUES

Exercice I

1) Le rendement est le rapport de la puissance utile à la puissance observée :

$$P_a = \frac{P_u}{\eta} ;$$

$$P_a = \frac{2 \cdot 10^3}{0{,}73} ;$$

$P_a \approx 2\,739$ W ;
$P_a \approx 2{,}74$ kW.

2) La puissance apparente est le rapport de la puissance absorbée au cosφ :

$$P_{app} = \frac{2\,739}{0{,}88} ;$$

$P_{app} \approx 3\,113$ W.

3) Puissance absorbée, tension et intensité sont liées par la relation :
$P = U\,I \cos\varphi$;

$$I = \frac{P}{U \cos\varphi} ;$$

$$I = \frac{2\,739}{230 \times 0{,}88} ;$$

$I \approx 13{,}5$ A.

Exercice II

1) La relation $Q = S \cdot v$ s'écrit ici :

$$Q = 0{,}23^2 \times \pi \times 3{,}61\ ;$$

$$Q \approx 0{,}6\ \text{m}^3 \cdot \text{s}^{-1}.$$

2) Le débit est le même dans toutes les parties de la canalisation :

$$S_1 \cdot v_1 = S_2 \cdot v_2\ ;$$

$$v_2 = \frac{S_1 \cdot v_1}{S_2}\ ;$$

$$v_2 = \frac{0{,}23^2 \times \pi \times 3{,}61}{0{,}6^2 \times \pi}.$$

Remarquer qu'en réécrivant les valeurs exactes plutôt que les résultats approchés, nous simplifions par π et évitons par là les erreurs sur la valeur de π.
Nous obtenons finalement :

$$v_2 \approx 0{,}5\ \text{m} \cdot \text{s}^{-1}.$$

3) En remarquant que la canalisation est horizontale, donc $z_1 = z_2$, la formule de Bernoulli s'écrit :

$$0{,}5 \times 10^3 \times 3{,}61^2 + 2{,}6 \cdot 10^5 + 10^3\, g\, z_1 = 0{,}5 \times 10^3 \times 0{,}5^2 + p_2 + 0{,}5\, g\, z_1\ ;$$

$$p_2 = 0{,}5 \times 10^3(3{,}61^2 - 0{,}5^2) + 2{,}6 \cdot 10^5\ ;$$

$$p_2 \approx 266\ 391\ \text{Pa}\ ;$$

ou

$$p_2 \approx 2{,}7\ \text{bars}.$$

CORRIGÉ DU SUJET N° 7

AVANT DE COMMENCER

Pour les calculs, optimisez l'utilisation de la calculatrice. Ici, les formules sont données, il reste à les appliquer.

MATHÉMATIQUES

Exercice I

1) L'aire de la pièce est $7{,}2 \times 4 = 28{,}8$ m^2.

2) x est un nombre positif, plus petit que la largeur de la pièce :

$$0 < x \leqslant 4.$$

3) L'aire de la mezzanine est xy. Nous écrivons qu'elle est égale au tiers de l'aire de la pièce :

$$xy = 9{,}6\ ;$$

ce qui peut aussi s'écrire, x étant différent de zéro :

$$y = \frac{9{,}6}{x}.$$

4) Nous exprimons que la longueur de la balustrade est égale à 7 m :

$$x + \frac{9{,}6}{x} = 7\ ;$$

en multipliant les deux membres de cette équation par x :

$$x^2 - 7x + 9{,}6 = 0.$$

Cette équation du second degré a pour discriminant :

$$\Delta = 7^2 - 4 \times 9{,}6 = 10{,}6 \approx 3{,}26^2\ ;$$

ses racines sont : $\dfrac{7 + 3{,}26}{2} = 5{,}13$ et $\dfrac{7 - 3{,}26}{2} = 1{,}87$.

De ces deux racines, seule 1,87 est compris entre 0 et 4 et convient au problème ;

$$x = 1{,}87 \text{ m}.$$

5) La dérivée d'une somme de fonctions est égale à la somme des dérivées des différents termes de la somme :

$$f'(x) = 1 - \frac{9,6}{x^2}.$$

6) L'équation $f'(x) = 0$ s'écrit : $1 - \frac{9,6}{x^2} = 0$ ou, en multipliant les deux membres par x^2 :

$$x^2 - 9,6 = 0 ;$$
$$x^2 = 9,6 ;$$

enfin, x étant positif :

$$x = \sqrt{9,6} \approx 3,10 ;$$

7) $f(3,1) = 3,1 + \frac{9,6}{3,1} \approx 6,2.$

8) Alors :

$$y_0 = 6,2 - 3,1 = 3,1.$$

L'aire de la mezzanine étant égale au tiers de l'aire totale de la pièce, la longueur de la balustrade est minimum lorsque sa largeur est égale environ à 3,1 m ; cette longueur est alors 6,2 m. L'autre dimension de la mezzanine est alors 3,1 m ; la mezzanine a la forme d'un carré.

Exercice II

1.1) La raison d'une suite arithmétique est la différence entre deux termes consécutifs :

$$C_1C_2 - C_0C_1 = 240 - 280 = - 40.$$

1.2) $C_3C_4 = C_2C_3 + (- 40)$;
$C_3C_4 = 160$ mm.

1.3) $C_5C_6 = 80$ mm.

2.1) $\alpha = 90 + \widehat{H_2G_2C_2}$;
dans le triangle rectangle $H_2G_2C_2$, nous écrivons :

$$\tan \widehat{H_2G_2C_2} = \frac{40}{400} = 0,1 ;$$

d'où nous déduisons :

$\widehat{H_2G_2C_2} \approx 6°$;

finalement :

$\alpha \approx 96°$.

2.2) Nous calculons de la même manière la mesure de β :

$$\tan \widehat{H_3G_3C_3} = \frac{80}{400} = 0,2 ;$$

$\widehat{H_3G_3C_3} \approx 11°$;

$\beta \approx 101°$.

3) L'aire d'un trapèze est le demi-produit de sa hauteur par la somme de ses bases ; ici les trois trapèzes considérés ont la même hauteur, C_0A_0, et la somme de leurs bases est la même car « ce qui est enlevé d'un côté est rajouté de l'autre ». Les trois trapèzes ont donc la même aire, qui est celle du rectangle $A_0C_0C_1A_1$, soit $800 \times 280 = 224\,000$ mm² ou 0,224 m².

SCIENCES PHYSIQUES

Exercice I – Thermodynamique

1) L'énergie thermique E est donnée par la relation $E = m \cdot C \cdot \Delta\theta$.

Ici $E_1 = 0,3 \times 4\,186 \times (22 - 18)$;

$E_1 = 5\,023,2$ J.

2.1) D'après le principe de conservation de l'énergie : $E_1 = E_2$.

2.2) En utilisant la même relation que dans la question précédente, nous obtenons :

$$5\,023,2 = 0,155 \times 460 \times (22 - \theta) ;$$

$$\theta = -\frac{5\,023,2 - 0,155 \times 460 \times 22}{0,155 \times 460} ;$$

$\theta \approx 48,5°$.

Exercice II – Mécanique

1) Un tour a pour mesure 2π rad, la fréquence de rotation de la scie est :

$$\frac{440}{2\pi} \approx 70 \text{ tr} \cdot \text{s}^{-1} = 4\,200 \text{ tr} \cdot \text{min}^{-1}.$$

2) Pour calculer le moment d'inertie de la scie, nous appliquons la formule proposée :

$$\text{J} = \frac{1}{2} \times 1{,}4 \cdot 0{,}12^2\ ;$$

$$\text{J} \approx 0{,}01 \text{ kg} \cdot \text{m}^2.$$

3) De même pour le calcul de l'énergie cinétique :

$$\text{W} = \frac{1}{2} \times 0{,}01 \times 440^2\ ;$$

$$\text{W} = 968 \text{ J}.$$

CORRIGÉ DU SUJET N° 8

AVANT DE COMMENCER

Ce sujet propose un peu de géométrie dans l'espace, c'est l'occasion de revoir la notion de vecteur.

MATHÉMATIQUES

Exercice I

Partie I

1)

x	1	2	3	4	5	6
$f(x)$	10,028	24,324	39,156	50,792	55,5	49,548

2.1) La dérivée d'une somme de fonctions est égale à la somme des dérivées :
$f'(x) = -1{,}866x^2 + 8x + 6{,}65.$

2.2) $f'(5) = -1{,}866 \times 5^2 + 8 \times 5 + 6{,}65$;
$f'(5) = 0$

3) L'expression de la dérivée est un trinôme du second degré dont une des racines est 5. L'autre racine est négative car le produit des deux racines $\left(-\dfrac{6{,}65}{1{,}866}\right)$ est négatif ; la dérivée est positive entre 1 et 5, négative entre 5 et 6.

x	1		5		6
$f'(x)$		+	0	–	
$f(x)$	10,08	↗	55,5	↘	49,548

4)

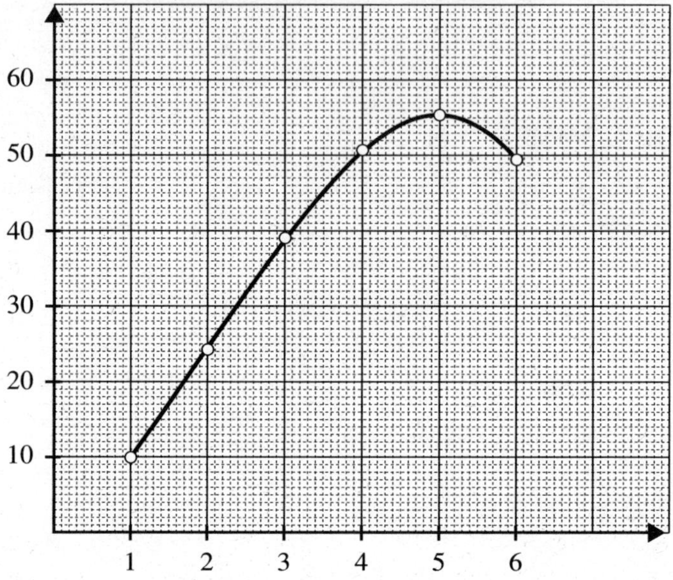

Partie II

1.1) La puissance est représentée par la fonction f qui présente un maximum pour $x = 5$.
La puissance est maximale lorsque la vitesse de rotation est $5 \cdot 10^3$ tr · min^{-1}.

1.2) La valeur du maximum de f est 55,5. La puissance maximale est 55,5 chevaux.

2.1) $u'(x) = -1{,}244x + 4$.

2.2) $u'(5) = -1{,}244 \times 5 + 4 = -2{,}22 \neq 0$.

3) Le couple étant proportionnel à $\dfrac{P(x)}{x}$, il ne peut être maximal qu'aux bornes de l'intervalle [1 ; 6] ou en un point où la dérivée s'annule, or cette dérivée ne s'annule pas en 5 comme la puissance. La puissance et le couple ne sont donc pas simultanément maximaux.

Exercice II

1) Chacun des segments [OA], [AF], [BF], [BC] est parallèle à un des axes de coordonnées.

$OA = 45$ cm ;
$AF = 25$ cm ;
$BF = 20$ cm ;
$BC = 45$ cm.

2) Les coordonnées du vecteur $\overrightarrow{AB}$ sont obtenues à partir des coordonnées des points A et B : $\overrightarrow{AB}\ (45 - 45 ; 25 - 0 ; 20 - 0) = (0 ; 25 ; 20)$.

La longueur du vecteur $\overrightarrow{AB}$ est donnée par :

$AB = \sqrt{0^2 + 25^2 + 20^2}$;
$AB = \sqrt{1\ 025}$;
$AB \approx 32$ cm.

3) Dans le triangle rectangle BAF, nous calculons la tangente de l'angle $\widehat{BAF}$.

$$\tan \widehat{BAF} = \frac{BF}{AF} ;$$
$$\tan \widehat{BAF} = \frac{20}{25} = 0{,}8.$$

La calculatrice nous donne :

$\widehat{BAF} \approx 39°$.

4) Le trapèze peut être ici décomposé en un rectangle et un triangle rectangle :

$$\mathscr{A} = 35 \times 20 + \frac{25 \times 20}{2} ;$$
$$\mathscr{A} = 950 \text{ cm}^2.$$

La hauteur du réservoir étant de 45 cm, son volume $\mathscr{V}$ est :

$\mathscr{V} = 950 \times 45$;
$\mathscr{V} = 42\ 750 \text{ cm}^3$.

Un litre étant par définition un dm^3 :

$\mathscr{V} = 42{,}75$ L.

SCIENCES PHYSIQUES

Exercice I

1.1) L'amplitude maximale de U_1 est représentée sur le graphique par 3 divisions, soit $3 \times 5 = 15$ V.

L'amplitude maximale de U_2 est représentée sur le graphique par 5 divisions, soit $5 \times 5 = 25$ V.

1.2) La période, mesurée par exemple entre deux pics, de U_1 est représentée sur le graphique par 8 divisions, soit $8 \times 2{,}5$; $T_1 = 20$ ms.

La période de U_2 est représentée sur le graphique par 8 divisions comme U_1, soit $T_2 = 20$ ms.

2) La fréquence est l'inverse de la période :

$$f_1 = f_2 = \frac{1}{20 \cdot 10^3} ;$$

$$f_1 = f_2 = 50 \text{ Hz.}$$

Et les pulsations :

$$\omega_1 = \omega_2 = 2\ \pi\ 50 ;$$
$$\omega_1 = \omega_2 \approx 314 \text{ rad} \cdot \text{s}^{-1}.$$

3) Le décalage en temps entre les deux tensions est mesuré sur le graphique par 2 divisions, soit $\theta = 5$ ms.

4) $$\varphi = \frac{2\pi \times 5 \cdot 10^{-3}}{20 \cdot 10^{-3}} ;$$

$$\varphi = \frac{\pi}{2} \text{ rad.}$$

5) La tension U_2 est en avance de phase sur la tension U_1.

CORRIGÉ DU SUJET N° 9

AVANT DE COMMENCER

Revoir les différentes manières de déterminer l'équation d'une droite et les formules liées aux vecteurs.

MATHÉMATIQUES

Exercice I

Partie I

1) L'équation de la droite (AB) exprime que le rapport des différences des coordonnées de deux points de la droite est constant. Un point M(x ; y) appartient à la droite (AB) si, et seulement si,

$$\frac{y-(-8)}{(x-0)}=\frac{0-(-8)}{5-0}\ ;$$

$$\frac{y+8}{x}=\frac{8}{5}\ ;$$

enfin

$$y=\frac{8}{5}x-8\ ;$$

$$y=1{,}6x-8.$$

2.1.1) $f'(x)=-0{,}4x+3{,}6$.

2.1.2) L'équation $f'(x)=0$ s'écrit $-0{,}4x+3{,}6=0$, ou encore $x=\dfrac{3{,}6}{0{,}4}$; $x=9$.

Le coefficient de x est négatif, donc $f'(x)$ est positif lorsque x est plus petit que 9, $f'(x)$ est négatif lorsque x est plus grand que 9.

x	5		9		13
$f'(x)$		+	0	–	

2.1.3)

x	5		9		13
$f'(x)$		+	0	−	
$f(x)$	0	↗	3,2	↘	0

2.2.1) L'équation du second degré $-0{,}2x^2 + 3{,}6x - 13 = 0$ a pour discriminant

$\Delta = 3{,}6^2 - 4 \times 0{,}2 \times 13$;

$\Delta = 2{,}56 = 1{,}6^2$.

Ses solutions sont : $\dfrac{-3{,}6 + 1{,}6}{-0{,}4} = 5$ et $\dfrac{-3{,}6 - 1{,}6}{-0{,}4} = 13$.

2.2.2) Les solutions de cette équation sont les abscisses des points de la courbe situés sur l'axe (Ox).

2.3.1) Le coefficient directeur de la tangente à la courbe au point d'abscisse 5 de la courbe est le nombre dérivé de la fonction pour $x = 5$:

$f'(5) = -0{,}4 \times 5 + 3{,}6 = 1{,}6$.

2.3.2) Voir le dessin.

2.3.3) La droite (AB) passe par le point B et a pour coefficient directeur 1,6 (voir question 1.1), c'est la tangente à la courbe au point B.

2.4)

x	5	6	7	8	9	10	11	12	13
$f(x)$	0	1,4	2,4	3	3,2	3	2,4	1,4	0

Partie II - voir dessin.

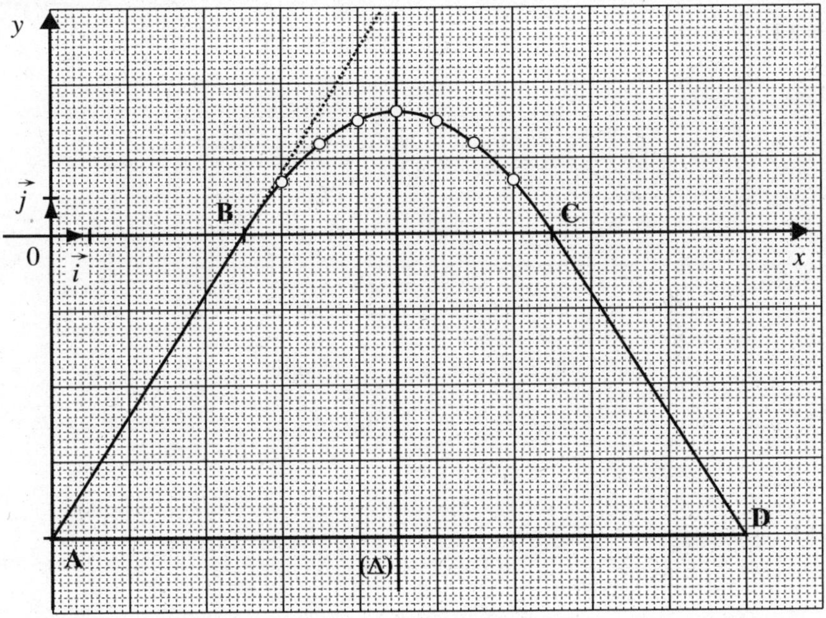

Exercice II

1) Coordonnées de $\overrightarrow{IB_1}$: (535 − 380 ; 730 − 150) = (155 ; 580) ;
coordonnées du vecteur $\overrightarrow{IB_2}$: (680 − 380 ; 670 − 150) = (300 ; 520).

2) La longueur du vecteur $\overrightarrow{IB_1}$ est $\sqrt{155^2 + 580^2} = \sqrt{360\,425} \approx 600$ mm.

3) $\overrightarrow{IB_1} \cdot \overrightarrow{IB_2} = 155 \times 300 + 580 \times 520 = 348\,100$.

4) Le formulaire nous rappelle :

$$\overrightarrow{IB_1} \cdot \overrightarrow{IB_2} = IB_1 \cdot IB_2 \cdot \cos\alpha.$$

5) De la dernière relation, nous déduisons $\cos\alpha$, sachant que $IB_2 = IB_1$:

$$\cos\alpha = \frac{348\,100}{360\,425} \,;$$

la calculatrice (INV COS (348 100/360 425)) nous donne une valeur approchée de α :

$$\alpha \approx 15°.$$

SCIENCES PHYSIQUES

Exercice I

1.1)

Indiquer la valeur numérique et l'unité	
$U_1 =$	230 V
$U_2 =$	2,3 V
S =	5 750 VA

1.2) Il s'agit d'un transformateur abaisseur de tension.

2.1) De la relation : $S = U_1 \times I_1$, nous déduisons :

$$I_1 = \frac{5\,750}{230} = 25 \text{ A.}$$

2.2) De même I_2 :

$$I_2 = \frac{5\,750}{2{,}3} = 2\,500 \text{ A.}$$

2.3) Ce transformateur est un élévateur d'intensité.

3.1) La relation $E = R \times I^2 \times t$ s'écrit ici :

$$t = \frac{156}{2{,}5 \times 10^{-4} \times 2\,500^2} ;$$

$t \approx 0{,}1$ s.

3.2) ③

4) $$4 - p = \frac{1\,700}{(3 \times 10^{-3})^2 \cdot \pi} ;$$

$p \approx 601 \times 10^5$ Pa.

CORRIGÉ DU SUJET N° 10

AVANT DE COMMENCER

Ce sujet ne présente pas de grosses difficultés mais permet de revoir quelques parties importantes du programme.
Remarque sur l'exercice de statistique : les résultats obtenus concernant la variance peuvent être très différents si l'on utilise une valeur approchée pour la moyenne (faire le calcul avec 23,96 et 24).

MATHÉMATIQUES

Exercice I

1) Dans la relation $\theta = C\,e^{-kt} - 30$, nous remplaçons t et θ par leur valeur :

$5 = C\,e^{0} - 30$;

$C = 35.$

2) Nous remplaçons t et θ par leur valeur :

$-\,23 = 35\,e^{-k\times 1} - 30$;

$e^{-k} = \dfrac{1}{5}.$

Nous appliquons la fonction logarithme aux deux membres de cette égalité :

$-\,k = \ln\dfrac{1}{5} = -\,\ln 5$;

$k \approx 1,6.$

Exercice II

1.1) $f'(x) = -\,1,6 \times 35\,e^{-1,6x} = -\,56\,e^{-1,6x}.$

1.2) L'exponentielle est toujours positive, donc $f'(x)$ est négatif sut I.

2)

x	0	3
$f'(x)$	–	
$f(x)$	5 ↘	–29,7

3)

x	0	0,25	0,5	0,75	1	1,5	2	2,5	3
$f(x)$	5	–6,5	–14,3	–19,5	–22,9	–26,8	–28,6	–29,4	–29,7

4)

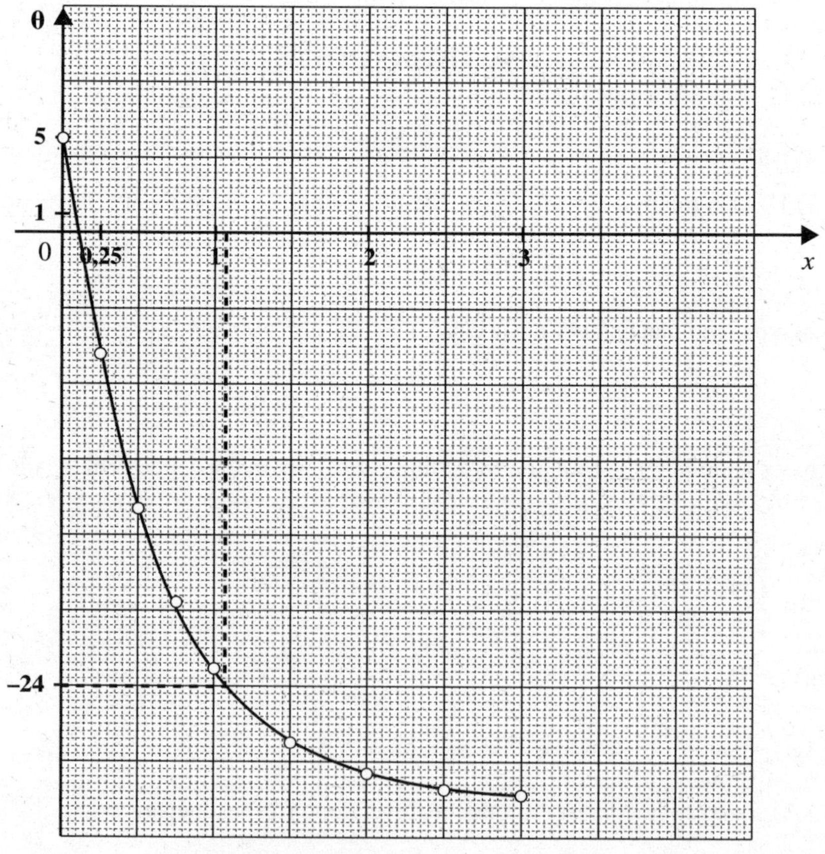

5.1) La lecture du graphique nous donne pour abscisse du point de la courbe d'ordonnée -24, environ 1 h 5 min.

5.2) L'équation $35\,e^{-1,6x} - 30 = -24$ s'écrit :

$$e^{-1,6x} = \frac{6}{35}\,;$$

ou, en appliquant les propriétés de la fonction ln :

$$x = \frac{\ln 35 - \ln 6}{1,6} \approx 1,10.$$

La température de -24 °C est atteinte en 1,1 h ou 1 h 6 min.

6) La vitesse maximum est 80 $m \cdot h^{-1}$, ce qui assure un temps de passage de 1 h 15 min et assure un bon refroidissement.

Exercice III - Étude statistique

1) Les effectifs sont supposés équi-répartis, ce qui permet de représenter chaque classe par son centre. Les définitions de la moyenne et de l'écart type sont rappelés dans le formulaire. Complétons d'abord le tableau statistique :

Température	Centre de classe x_i	Effectif n_i	$n_i x_i$	$n_i x_i^2$
[– 25 ; – 24,6[	– 24,8	1	– 24,8	615,04
[– 24,6 ; – 24,2[	– 24,4	7	– 170,8	4 167,52
[– 24,2 ; – 23,8[	– 24	30	– 720	17 280
[– 23,8 ; – 23,4[	– 23,6	10	– 236	5 569,6
[– 23,4 ; – 23[	– 23,2	2	– 46,4	1 076,48
		50	– 1 198	28 708,64

$$\bar{x} = \frac{-1\,198}{50} \approx 23,96\ °C.$$

$$V = \frac{28\,708,64}{50} - \left(\frac{1\,198}{50}\right)^2 \approx 0,09.$$

$$\sigma = \sqrt{V}\,;$$

$$\sigma \approx 0,3\ °C.$$

2) Nous cherchons le nombre d'échantillons dont la température relevée est dans l'intervalle [− 24,3 ; − 23,7]. Tenant compte de l'équi-répartition des effectifs dans chaque classe, nous décomposons [− 24,3 ; − 23,7] en :

[− 24,3 ; − 24,2[qui représente le quart de [− 24,6 ; − 24,2[;

[− 24,2 ; − 23,8[;

[− 23,8 ; − 23,7] qui représente le quart de [− 23,8 ; − 23,4[;

le nombre d'échantillons concernés est donc :

$$\frac{7}{4} + 30 + \frac{10}{4} = 34{,}25 \ ;$$

en pourcentage :

$$\frac{34{,}25}{50} \times 100 = 68{,}5\ \%.$$

Exercice IV

$$W = \int_{0{,}041}^{0{,}204} \frac{323}{v}\,\mathrm{d}v.$$

Une primitive de $\frac{323}{v}$ est $323 \cdot \ln v$:

$$W = \Big[323 \ln v \Big]_{0{,}041}^{0{,}204} \ ;$$

$$W \approx 518 \text{ J}.$$

SCIENCES PHYSIQUES

Exercice I

1) Formule développée du méthane :

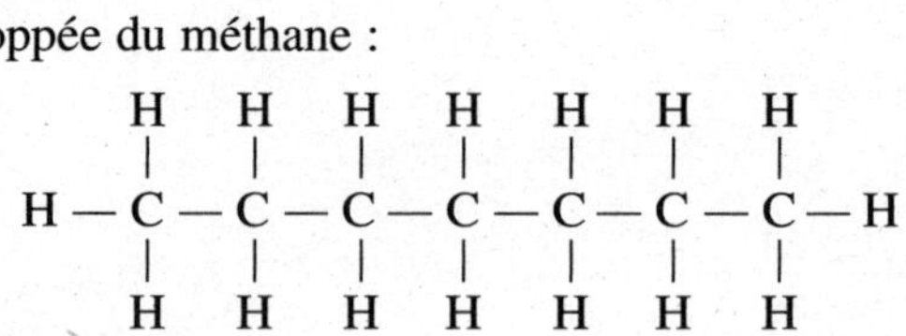

Formule développée du méthyl2-hexane :

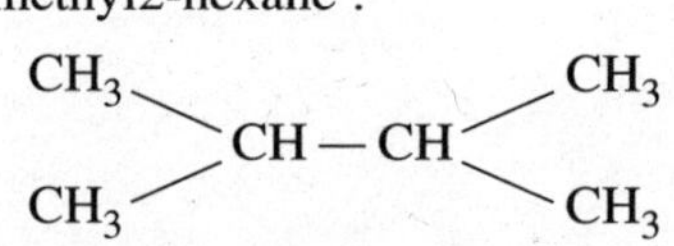

2) La masse molaire de l'hexane est : $7 \times 12 + 16 \times 1 = 100 \text{ g} \cdot \text{mol}^{-1}$.

3) $C_7H_{16} + 11O_2 \rightarrow 7CO_2 + 8H_2O$.

Exercice II

1) L'énergie Q est donnée par la relation : $Q = m \cdot c \cdot \Delta\theta$;
ici :

$$Q = 150 \times 4{,}18 \times 10^3 \times (80 - 20) ;$$
$$Q = 37\,620 \text{ kJ}.$$

2) Le chauffe-eau produit une énergie de 37 620 kJ en 6 heures, soit :

$$\frac{37\,620 \times 10^3}{6 \times 3\,600} \approx 1\,742 \text{ W}.$$

3) Le rendement est le rapport de la puissance utile à la puissance absorbée :

$$\eta = \frac{1\,742}{2\,000} \approx 0{,}87.$$

CORRIGÉ DU SUJET N° 11

AVANT DE COMMENCER

Revoir la résolution des équations du second degré ; les différentes caractéristiques de puissances en électricité.

MATHÉMATIQUES

Exercice I

1) $\bar{x} = \dfrac{1\,325 + 1\,375 + 1\,400 + 1\,575 + 1\,625 + 1\,675 + 1\,700 + 1\,725 + 1\,800 + 1\,900}{10}$;

$\bar{x} = \dfrac{16\,100}{10} = 1\,610.$

$\bar{r} = \dfrac{200 + 175 + 150 + 125 + 100 + 90 + 80 + 70 + 60 + 50}{10} = \dfrac{1\,100}{10}$;

$\bar{r} = 110.$

2) $P_1 = \dfrac{1\,325}{1\,525} \approx 0{,}869$; $P_1' = 1 - 0{,}869 \approx 0{,}131.$

$P_{10} = \dfrac{1\,900}{1\,950} \approx 0{,}974$; $P_{10}' = 1 - 0{,}974 = 0{,}026.$

3) Voir le graphique page 159.

4) a) Les coordonnées du point moyen sont (5,5 ; 1 610).

b) Voir le graphique.

5) a) Sur le graphique, nous lisons l'ordonnée du point de la droite dont l'abscisse est 11 : 1 960 ; la production prévue pour la semaine 11 est de 1 960 pièces.

b) Au cours de la douzième semaine, la production passe le seuil des 2 000 pièces déclarées bonnes.

6) a) La droite (GA) est déterminée par les points G et A :

$$\frac{y - 1\,900}{x - 10} = \frac{1\,960 - 1\,610}{10 - 5{,}5}\ ;\ y = \frac{580}{9}x + \frac{11\,300}{9}\ ;\ \text{ou } y = 64{,}4x + 1\,256.$$

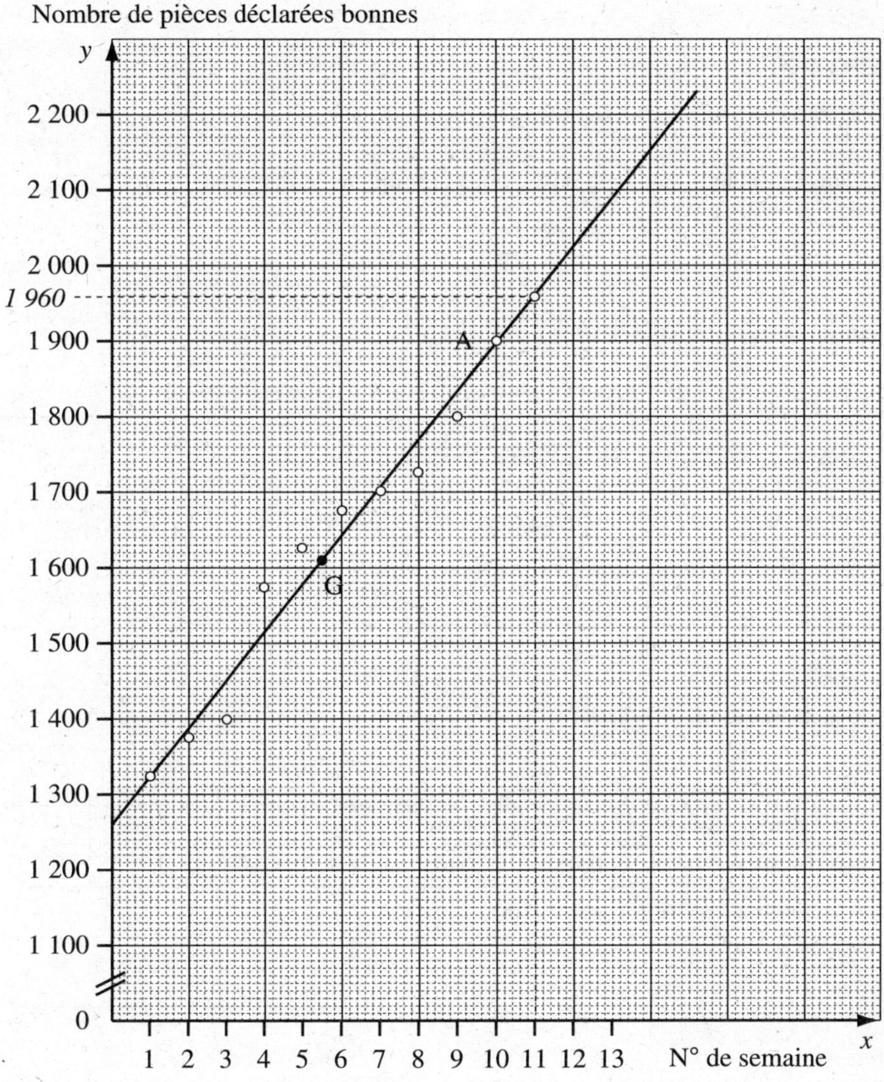

b) Pour $x = 11$; $y = \dfrac{580 \times 11 + 11\,300}{9} \approx 1\,964$.

Pour $x = 12$; $y = \dfrac{580 \times 12 + 11\,300}{9} \approx 2\,029$.

Exercice II

1) $BC = r$; $AC = r - p$; $AB = \dfrac{a}{2}$.

Dans le triangle rectangle ABC, nous appliquons le théorème de Pythagore :
$BC^2 = AB^2 + AC^2$;
$r^2 = \dfrac{a^2}{4} + (r - p)^2$; $r^2 = \dfrac{a^2}{4} + r^2 - 2rp + p^2$

et finalement : $p^2 - 2rp + \dfrac{a^2}{4} = 0$.

2) a) $p^2 - 2p + 0{,}9 = 0$.

b) $\Delta = 4 - 0{,}36 = 3{,}64$; $x = \dfrac{2 \pm \sqrt{3{,}64}}{2}$.

c) Des deux solutions de l'équation, nous conservons celle qui est inférieure à 1 :
$\dfrac{2 - \sqrt{3{,}64}}{2} \approx 0{,}046$ mm.

3) $p_a = \dfrac{0{,}36}{8} \approx 0{,}045$ mm.

Voir le graphique page 161.

4)

r (mm)	0,4	0,6	0,8	1	1,2	1,4	1,6
p_a (mm)	0,079	0,052	0,040	0,031	0,027	0,022	0,020

p_a semble décroître lorsque r croît.

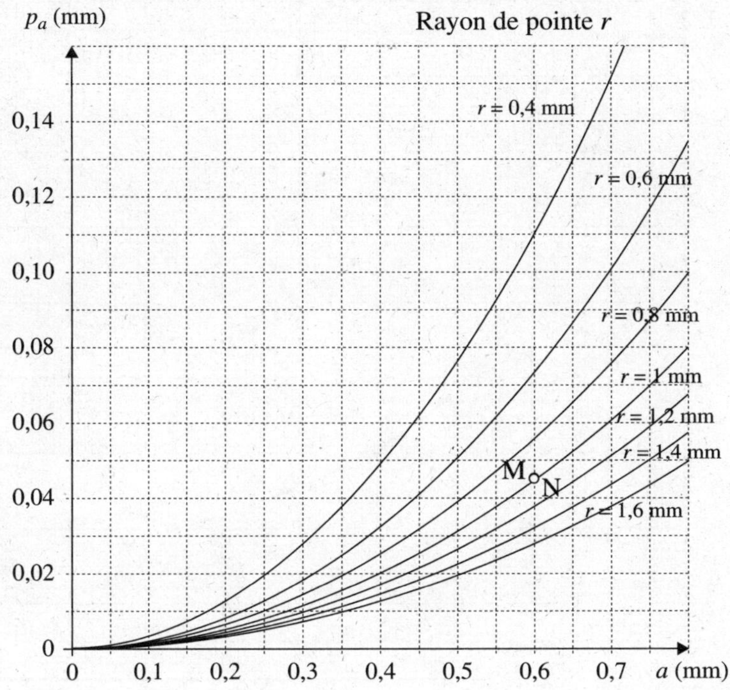

5) $p(r) = \dfrac{0{,}49}{8r}$; nous calculons la dérivée de p afin d'en déterminer le signe :

$p'(r) = -\dfrac{0{,}49}{8r^2}$.

r	0,4		1,6
$p'(r)$		–	
$p(r)$	0,153	↘	0,038

6)

r	0,4	0,6	0,8	1	1,2	1,4	1,6
$p(r)$	0,153	0,102	0,077	0,061	0,051	0,044	0,038

Voir le graphique page 162.

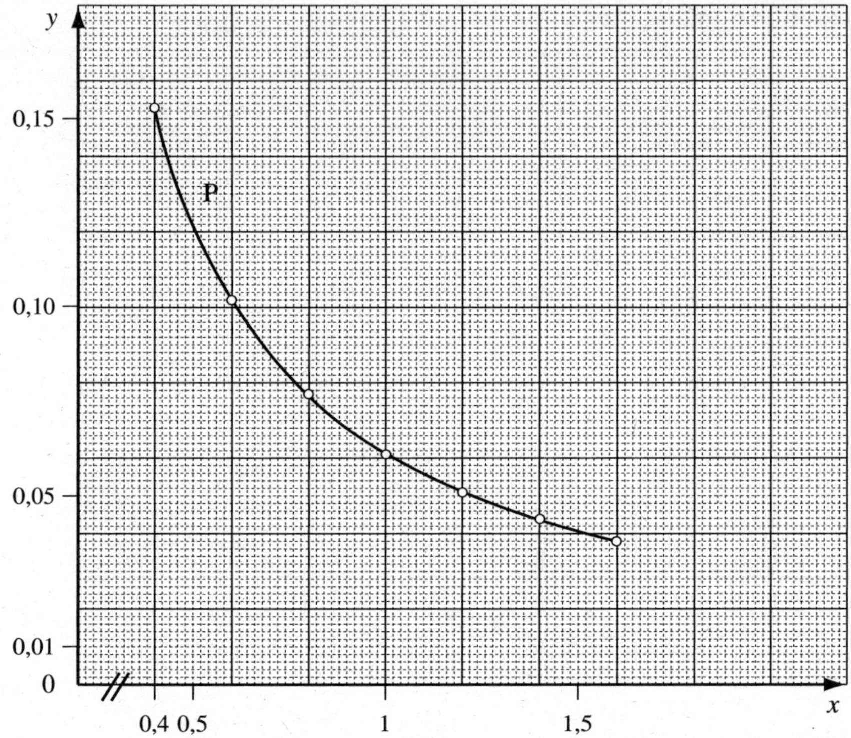

SCIENCES PHYSIQUES

Exercice III

Première partie

① série
② étoile
③ parallèle
④ triangle

Seconde partie

1) Puissance apparente, tension et intensité sont liées par la relation : $S = UI\sqrt{3}$;

$I = \dfrac{15\,000}{400\sqrt{3}} \approx 21{,}7$ A.

2) a) $P_a = S \times \cos\varphi$; $P_a = 15\,000 \times 0{,}86 = 12\,900$ W.

b) Nous appliquons le théorème de Pythagore dans le triangle rectangle des puissances :
$S^2 = P^2 + Q^2$; $Q = \sqrt{S^2 - P^2}$; $Q \approx 7\,654$ W.

3) $\eta = \dfrac{P_m}{P_a}$; $P_m = \eta \times P_a$; $P_m = 0{,}73 \times 12\,900 = 9\,417$ W.

4) De la relation $P_m = 2\pi \times n \times M$, nous déduisons : $M = \dfrac{P_m}{2\pi n}$;

$$M = \dfrac{9\,417}{2\pi\,\dfrac{2\,800}{60}} = 32{,}1 \text{ N}\cdot\text{m}.$$

5) $R_A = \dfrac{U_L}{I_{\Delta n}}$; $R_A = \dfrac{50}{0{,}3} \approx 167\ \Omega$.

CORRIGÉ DU SUJET N° 12

AVANT DE COMMENCER

Revoir le calcul d'intégrales.

MATHÉMATIQUES

Exercice I

1) $\Delta = 64 - 128 = -64 < 0$; l'équation n'a pas de solution réelle.

2) $(z + 4)^2 - (4j)^2 = (z + 4 - 4j)(z + 4 + 4j)$.

3) $(z + 4)^2 - (4j)^2 = z^2 + 8z + 16 + 16 = z^2 + 8z + 32$.

4) $z^2 + 8z + 32 = (z + 4 - 4j)(z + 4 + 4j)$; l'équation donnée est équivalente à $(z + 4 - 4j)(z + 4 + 4j) = 0$.
Un produit de facteur est nul si, et seulement si, l'un des facteurs est nul :
$z_1 = -4 + 4j$; $z_2 = -4 - 4j$.

Exercice II

1) $f'(x) = 2\pi x + 8$.

2) $2\pi x + 8 = 0$; $x = -\dfrac{8}{2\pi}$; $x = -\dfrac{4}{\pi} \approx -1{,}27$.

3)

x	$-\infty$		$-\dfrac{4}{\pi}$		$+\infty$
signe de $f'(x)$		$-$	0	$+$	
sens de variation de la fonction f		↘	0,075	↗	

$f(x)$ est minimale lorsque $x = -\dfrac{4}{\pi}$; alors,

$$f(x) = \pi\,\frac{16}{\pi^2} - \frac{32}{\pi} + \frac{\pi^3}{6} = \frac{-96 + \pi^4}{6\pi}.$$

Exercice III

Partie A

Seuls les graphiques 2 et 3 ont (Oy) pour axe de symétrie et représentent des fonctions paires. De plus, les fonctions représentées par ces courbes vérifient $u(\pi) = \pi$.

Partie B

1) a) La droite (OA) passe par O(0 ; 0) et A(π ; π), son coefficient directeur est 1.

b) Équation de la droite (OA) : $y = x$.

2) a) Sur $[0 ; \pi]$, la courbe représentative de u coïncide avec la droite (OA) : $u(t) = t$.

b) Voir le graphique.

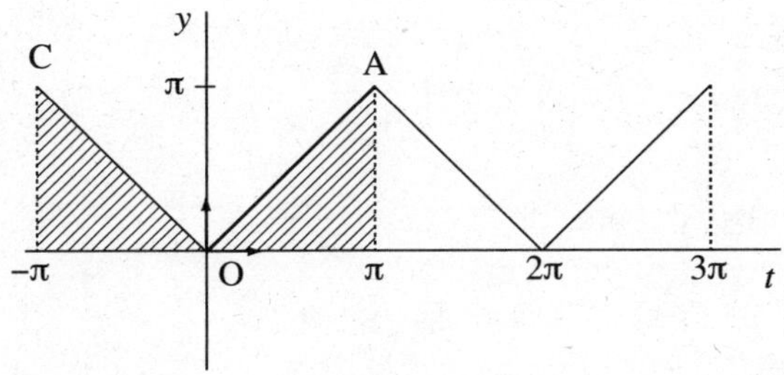

3) a) Voir le graphique.

b) $\displaystyle\int_{-\pi}^{\pi} (u(t)\,\mathrm{d}t$ est l'aire de deux triangles rectangles égaux qui sont des demi carrés de côté π ;

$\bar{u} = \dfrac{1}{2\pi}\,\pi^2 = \dfrac{\pi}{2}.$

4) a) La fonction u est paire. Sur $[-\pi ; 0]$, $u(t) = u(-t) = -t$ car $-t$ appartient à $[0 ; \pi]$.

b) Si $t \in [-\pi\ ;\ 0]$, $(u(t))^2 = (-t)^2 = t^2$; si $t \in [0\ ;\ \pi]$, $(u(t))^2 = t^2$.

Finalement, $E(u) = \int_{-\pi}^{\pi} t^2 \, dt$.

c) $\frac{t^3}{3}$.

d) $E(u) = \left[\frac{t^3}{3}\right]_{-\pi}^{\pi} = \frac{\pi^3}{3} - \frac{-\pi^3}{3} = \frac{2\pi^3}{3}$.

Partie C

1) V_0 est paire car la fonction cosinus est paire.

2) $\overline{V_0} = \frac{1}{2\pi}\int_{-\pi}^{\pi} V_0(t)\, dt = \frac{1}{2\pi}\left[\int_{-\pi}^{\pi} \frac{\pi}{2}\, dt - \int_{-\pi}^{\pi} \frac{4}{\pi}\cos t \, dt\right] = \frac{1}{2\pi} \times \frac{\pi}{2} \times 2\pi = \frac{\pi}{2}$.

3) a) $E(V_0) = 2\pi\left(\frac{\pi^2}{4} + \frac{8}{\pi^2}\right) = \frac{\pi^4 + 32}{2\pi}$.

b) $\frac{E(V_0)}{E(u)} = \frac{\frac{\pi^4 + 32}{2\pi}}{\frac{2\pi^3}{3}} = \frac{3\pi^4 + 96}{4\pi^4} \approx 1{,}00$.

Partie D

1) a) $a_0 = \frac{\pi}{2}$; $a_1 = k$; $E(v) = 2\pi\left(\frac{\pi^2}{4} + \frac{k^2}{\pi^2}\right) = \pi \times \frac{\pi^2 + 2k^2}{2}$.

b) $E(v) = E(u)$ s'écrit encore : $\pi \times \frac{\pi^2 + 2k^2}{2} = \frac{2\pi^3}{3}$.

$\pi^2 + 2k^2 = \frac{4\pi^2}{3}$; $k^2 = \frac{\pi^2}{6}$; $k = \pm \frac{\pi}{\sqrt{6}}$.

2) Nous avons vu à l'**exercice II** que la fonction f, définie par $f(x) = \pi x^2 + 8x + \frac{\pi^3}{6}$, admet un minimum pour $x = -\frac{4}{\pi}$.

$E(u - v)$ est minimale lorsque $k = -\frac{4}{\pi}$.

CORRIGÉ DU SUJET N° 13

AVANT DE COMMENCER

Revoir la détermination de l'équation d'une droite et la résolution des équations du second degré.

MATHÉMATIQUES

Exercice I

1) a)

Diamètre en mm	Nombre de pièces n_i	Centre de classe x_i
[31,70 ; 31,80[	2	31,75
[31,80 ; 31,90[	8	31,85
[31,90 ; 32,00[	26	31,95
[32,00 ; 32,10[	30	32,05
[32,10 ; 32,20[	10	32,15
[32,20 ; 32,30[	4	32,25
Total	80	

b)

$$\frac{2 \times 31{,}75 + 8 \times 31{,}85 + 26 \times 31{,}95 + 30 \times 32{,}05 + 10 \times 32{,}15 + 4 \times 32{,}25}{80} \approx 32{,}01\ ;$$

le diamètre moyen des pièces étudiées est 32,01 mm.

2) Dans la question précédente, nous avons supposé que les différents diamètres sont régulièrement répartis dans chaque classe, alors que le logiciel prend en compte la répartition réelle.

3) a) $K_1 = \dfrac{32{,}30 - 31{,}99}{3 \times 0{,}10} \approx 1{,}033$; $K_2 = \dfrac{31{,}99 - 31{,}70}{3 \times 0{,}10} \approx 0{,}967$.

b) $K_2 < 1$, une intervention est nécessaire.

Exercice II

1) $V_1 = \pi\,(21^2 - 10{,}5^2) \times 120 \approx 124\,690 \text{ mm}^3$.

2) $V_2 = \pi\,(16^2 - 10{,}5^2) \times (32 + 48) + \pi\,(21^2 - 10{,}5^2) \times 40 \approx 78\,194 \text{ mm}^3$.

3) Nous exprimons V_2 en m^3 : $V_2 = 78{,}194 \cdot 10^{-6} \text{ m}^3$;
$m = 7\,600 \times 78{,}194 \cdot 10^{-6} = 0{,}594 \text{ kg} = 594 \text{ g}$.

Exercice III

1) A a pour coordonnées : (2 ; 0,15) ; les coordonnées de A vérifient l'équation de la courbe :
$0{,}15 = 0{,}5 \times a_1 \times 2^2$; $a_1 = \dfrac{0{,}15}{0{,}5 \times 4} = 0{,}075$.

2) Coordonnées du point B : (3,8 ; 0,42). Ces coordonnées et celles de A vérifient l'équation de la droite (AB) :
$0{,}15 = a_2 \times 2 + b_2$
$0{,}42 = a_2 \times 3{,}8 + b_2$
En retranchant les deux équations membre à membre, nous obtenons a_2 :
$1{,}8a_2 = 0{,}27$, et $a_2 = \dfrac{0{,}27}{1{,}8} = 0{,}15$;
nous en déduisons b_2 :
$b_2 = 0{,}15 - 2 \times 0{,}15 = -\,0{,}15$;
l'équation de la droite (AB) s'écrit alors : $f_2(x) = 0{,}15x - 0{,}15$.

3) a) L'équation s'écrit : $-\,0{,}025x^2 + 0{,}34x - 1{,}156 = 0$;
$\Delta = 0{,}34^2 - 4 \times 0{,}025 \times 1{,}156 = 0$;

l'équation a une solution : $x = \dfrac{-\,0{,}34}{-\,2 \times 0{,}025} = 6{,}8$.

b) $f'_3(x) = -\,0{,}05x + 0{,}34$.

c)

x	3,8		6,8
Signe de f'_3		+	0
Variation de f_3	0,42	↗	0,645

d)

x	3,8	4	5	6	6,8
$f_3(x)$	0,42	0,45	0,56	0,63	0,64

e) $f'_3(3,8) = -0,05 \times 3,8 + 0,34 = 0,15$; ce nombre est le coefficient directeur de la tangente à l'arc de courbe au point d'abscisse 3,8. C'est aussi le coefficient directeur de la droite (AB), ce qui montre que (AB) est tangente à la courbe au point A.

f) Pour $x = 6,8$, nous avons vu que la dérivée de f_3 est nulle, ainsi pour $x = 6,8$ la vitesse du piston est nulle.

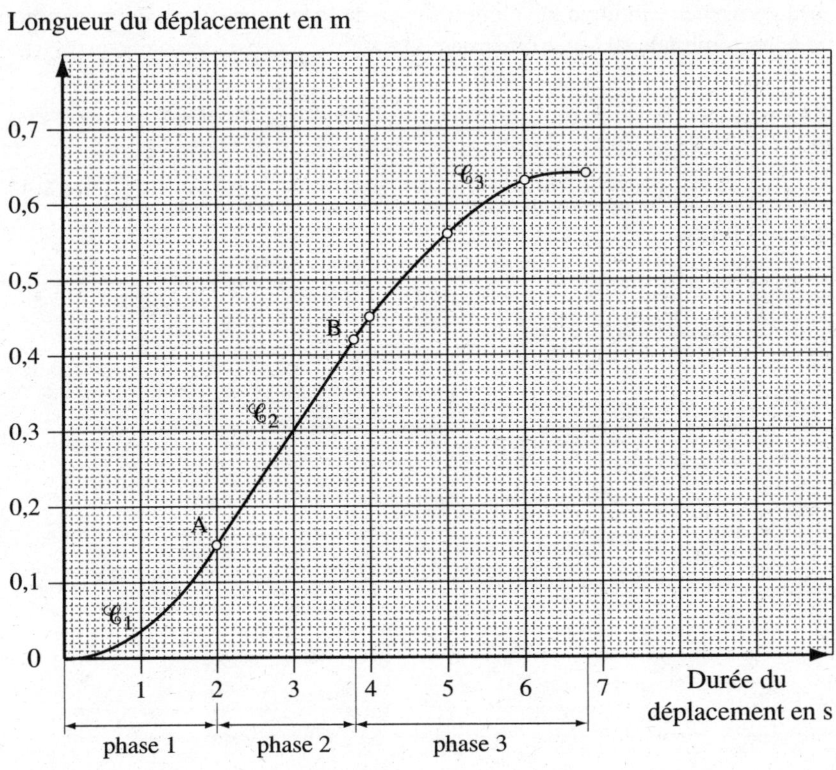

SCIENCES PHYSIQUES

Exercice IV

1) Redressement double alternance.

2) La période correspond à 4 divisions, soit 20 ms. La fréquence est l'inverse de la période : $f = 50$ Hz.
La valeur maximale de la tension correspond à 3 divisions, soit 15 V.

3) a) La période correspond à 2 divisions, soit 10 ms, la fréquence est alors 100 Hz. La tension maximale est représentée par 3 divisions soit 15 V.

b) Le voltmètre indique la valeur efficace de la tension, il ne peut pas indiquer les valeurs minimale (0 V) et maximale (15 V).

4) Le condensateur a pour fonction de régulariser le courant en le rapprochant d'un courant continu.

5) Tension, intensité et résistance sont liées par la relation U = RI ; $I = \frac{13,5}{10}$;
I = 1,35 A.

CORRIGÉ DU SUJET N° 14

AVANT DE COMMENCER

Revoir les propriétés de linéarité de l'intégrale et en physique, l'utilisation de l'équation de Bernoulli.

MATHÉMATIQUES

Exercice I

1) a) $f(x) = \dfrac{273 + x}{x - 10}$.

b) $f'(x) = \dfrac{1 \times (x - 10) - (273 + x) \times 1}{(x - 10)^2} = \dfrac{-283}{(x - 10)^2}$.

c)

x	30		60
$f'(x)$		–	
$f(x)$	15,2	↘	6,7

2) a)

x	30	35	40	45	50	55	60
y	15,2	12,3	10,4	9,1	8,1	7,3	6,7

b) Voir le graphique page 172.

3) La fonction est monotone, nous lisons sur le graphique l'abscisse du point de la courbe dont l'ordonnée est 8,5 : 47,75 ; et l'abscisse du point de la courbe dont l'ordonnée est 13,5 : 32,5.
Lorsque la température croît de 32,5 °C à 47,5 °C, le C_0P décroît de 13,5 à 8,5.

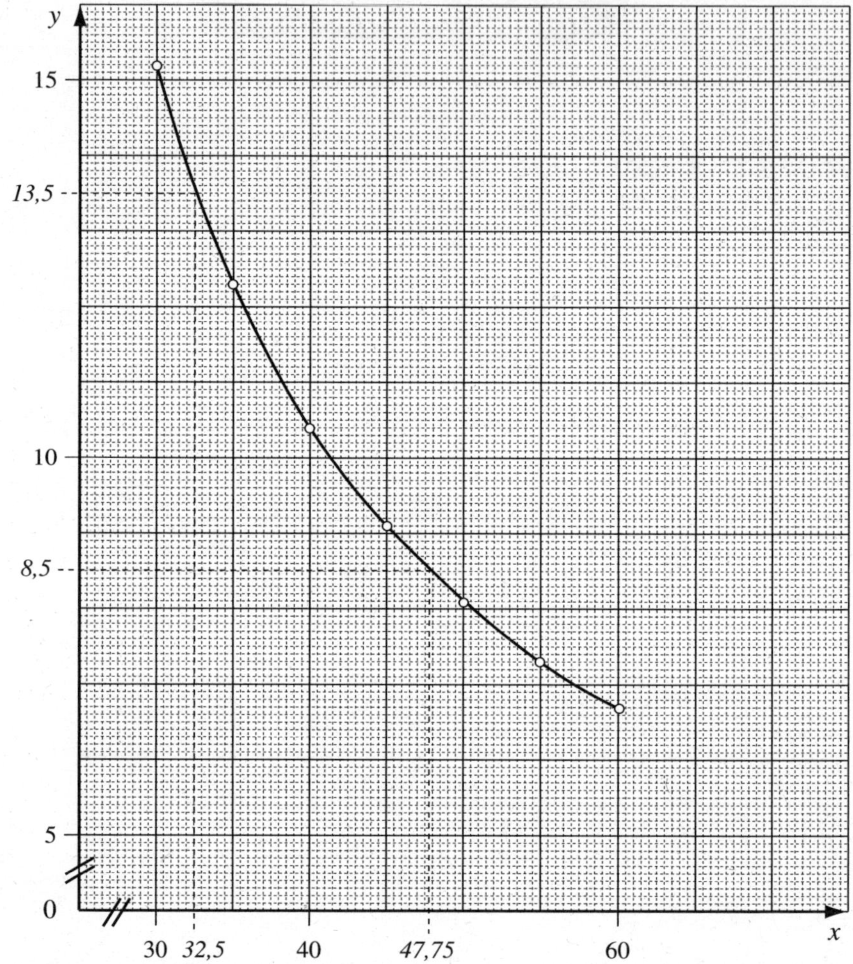

Exercice II

1) a) Les coordonnées du point B sont de la forme (x ; $f(x)$), c'est-à-dire :
$50 = \dfrac{180a + b}{180}$; ce qui s'écrit encore : $180a + b = 9\,000$.

b) De même, pour le point C : $250 = \dfrac{60a + b}{60}$; ou $60a + b = 15\,000$.

c) Le couple (a ; b) est solution du système d'équations :

$$\begin{cases} 180a + b = 9\,000 \\ 60a + b = 15\,000 \end{cases}$$

De la première de ces équations, nous tirons b :
$b = 9\,000 - 180a$;
en remplaçant dans la deuxième équation :
$60a + (9\,000 - 180a) = 15\,000$;
$-120a = 6\,000$
$a = -50$; et $b = 9\,000 - 180 \times (-50)$; $b = 18\,000$.

d) $f(x) = \dfrac{-50x + 18\,000}{x}$.

e) $f(x) = \dfrac{-50x}{x} + \dfrac{18\,000}{x} = -50 + \dfrac{18\,000}{x}$.

2) a) $\mathrm{I} = \displaystyle\int_{60}^{180}\left(-50 + \frac{18\,000}{x}\right)\mathrm{d}x = \int_{60}^{180} -50\,\mathrm{d}x + \int_{60}^{180}\frac{18\,000}{x}\,\mathrm{d}x$;

$\mathrm{I} = -50\displaystyle\int_{60}^{180}\mathrm{d}x + 18\,000\int_{60}^{180}\frac{\mathrm{d}x}{x}$;

$\mathrm{I} = -50(180 - 60) + 18\,000(\ln 180 - \ln 60) = -6\,000 + 18\,000\ln\dfrac{180}{60}$.

Enfin,
$\mathrm{I} = -6\,000 + 18\,000\ln 3$.

b) Voir le schéma.

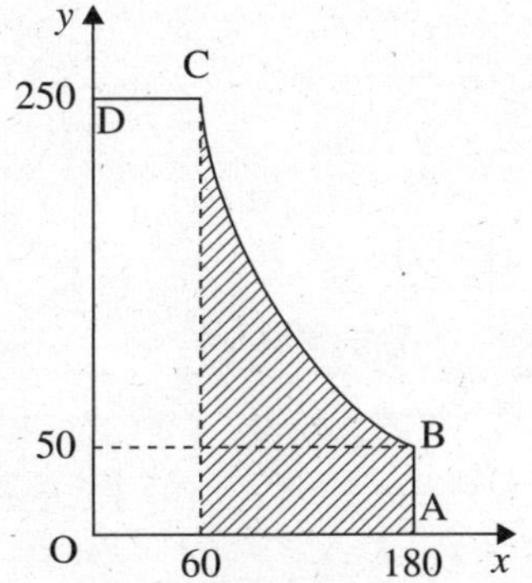

3) a) À l'aire précédemment calculée, nous ajoutons l'aire du rectangle OHCD :
$60 \times 250 = 15\,000$.
$-6\,000 + 18\,000 \ln 3 + 15\,000 \approx 28\,775$ mm^2.

b) $28\,775 \times 400 = 11\,510\,000$ mm^3 $= 11{,}51$ L.

SCIENCES PHYSIQUES

Exercice III

1) La cylindrée de la pompe est le volume d'eau pompé à chaque tour de pompe, nous obtenons après avoir homogénéisé les unités de mesure :
$\dfrac{0{,}8}{10} = 0{,}08 \text{ m}^3 \cdot \text{tr}^{-1}$.

2) Débit en masse : $1\,000 \times 0{,}8 = 800 \text{ kg} \cdot \text{s}^{-1}$.

3) Aire de la section de la conduite :
$\pi \times 0{,}2^2 \approx 0{,}1256 \text{ m}^2$;

vitesse de l'eau dans la pompe :
$\dfrac{0{,}8}{0{,}1256} \approx 6{,}37 \text{ m} \cdot \text{s}^{-1}$.

4) L'équation de Bernoulli s'écrit ici :
$(10^5 - P_1) + \dfrac{1}{2} \times 1\,000 \times (0) + 1\,000 \times 9{,}8 \times 100 = 0$;

$P_1 = 10^5 + 9{,}8 \cdot 10^5$;
$P_1 = 10{,}8 \cdot 10^5$ Pa.

5) $W = 0 + \dfrac{1}{2} \times 6{,}37^2 + 9{,}8 \times 100$;
$W \approx 1\,000$ J.

6) $P_u = 1\,000 \times 800 = 8 \cdot 10^5 \text{ W} = 800$ kW.

CORRIGÉ DU SUJET N° 15

AVANT DE COMMENCER

Revoir l'étude d'une fonction, dérivée et tangente. Revoir les réactions d'oxydo-réduction.

MATHÉMATIQUES

Exercice I

1) $2\,\pi\,r\,h + \pi\,r^2 = \pi\,r\,(2h + r)$.

2) $2\,\pi\,r\,h + \pi\,r^2 = 23\,550$; $h = \dfrac{23\,550 - \pi\,r^2}{2\,\pi\,r}$.

3) $V = \pi\,r^2\,h$.

4) Remplaçant h par son expression trouvée en **2)** :

$$V = \pi\,r^2\,\frac{23\,550 - \pi\,r^2}{2\,\pi\,r} = 11\,775r - \frac{\pi}{2}\,r^3.$$

5) Dans V, nous remplaçons r^3 par sa valeur :

$$V = 11\,775r - \frac{\pi}{2}\left(\frac{23\,550}{\pi}\,r - \frac{200\,000}{\pi}\right) = 11\,775r - 11\,775r + 100\,000 ;$$

$V = 100\,000\ \text{cm}^3$. La contrainte 3 est bien vérifiée.

Exercice II

1)

x	1	2	3	4	5	6	7	8	9	10	11	12
Valeur de $f(x)$	1	8	27	64	125	216	343	512	729	1 000	1 331	1 728
Valeur de $f'(x)$	3	12	27	48	75	108	147	192	243	300	363	432

2) a) $f'(x) = 3x^2$.

b) Voir le tableau page 175.

3) $f'(x)$ est toujours positif, donc la fonction f est croissante.

4) a) $f'(x)$ est le coefficient directeur de la tangente à la courbe au point d'abscisse x. La tangente pour $x = 3$ passe par les points (3 ; 27) et (4 ; 54) ; la tangente pour $x = 5$ passe par les points (5 ; 125) et (6 ; 200) ; la tangente pour $x = 10$ passe par les points (10 ; 1 000) et (11 ; 1 300).

b) Voir le graphique.

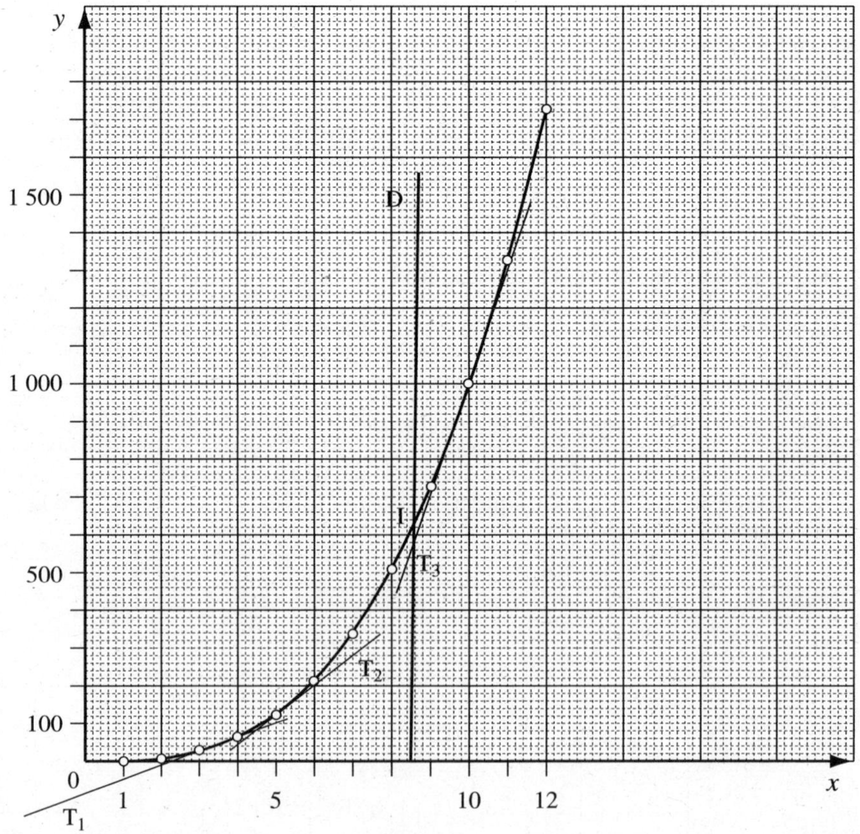

5) a) Nous cherchons l'abscisse du point où la droite coupe l'axe (Ox) :
$\frac{23\,550}{\pi}x - \frac{200\,000}{\pi} = 0$, ou $x = \frac{200\,000}{23\,550} \approx 8{,}49$;

pour $x = 8{,}7$, $y = \frac{23\,550}{\pi} \times 8{,}7 - \frac{200\,000}{\pi} \approx 1\,554{,}9$.

b) Voir le graphique.

c) Les solutions de l'équation $f(x) = \frac{23\,550}{\pi}x - \frac{200\,000}{\pi}$ sont les abscisses des points communs à D et $\mathscr{C}f$; ces deux lignes ont un seul point commun, le point I ; une lecture graphique nous donne une valeur approchée de l'abscisse de I : 8,6.

Exercice III

1) $h = \frac{23\,550 - \pi r^2}{2\pi r} = \frac{23\,550 - \pi \times 8{,}6^2}{2\pi \times 8{,}6} \approx 431{,}5$ cm.

2) Aire : $2\pi r h + \pi r^2 = 2\pi \times 8{,}6 \times 431{,}5 + \pi \times 8{,}6^2 \approx 23\,548{,}6$ cm^2.
$V = \pi r^2 h = \pi \times 8{,}6^2 \times 431{,}5 \approx 100\,260$ cm^3.

Les contraintes sont bien réalisées en tenant compte des tolérances.

SCIENCES PHYSIQUES

Exercice IV

1) a) $2 \times 0{,}06^2 \times \pi \approx 0{,}02$ m^2.
Remarquons que la précision demandée dans l'énoncé donne 0 comme aire des sections !

b) Pour une force de $338 \cdot 10^3$ N, la pression est :

$\frac{338 \cdot 10^3}{0{,}02} = 169 \cdot 10^5$ Pa.

c) Pour une vitesse de $9{,}3 \cdot 10^{-3}$ m $\cdot$ s^{-1},
le débit est $9{,}3 \cdot 10^{-3} \times 0{,}02 = 18{,}6 \cdot 10^{-5}$ m$^3 \cdot$ s^{-1}.
$18{,}6 \times 10^{-5} \times 10^3 \times 60 = 11{,}16$ L $\cdot$ min^{-1}.

2) a) La puissance d'un vérin est le produit de la force par la vitesse de déplacement :

$$\frac{338 \cdot 10^3 \times 9{,}3 \cdot 10^{-3}}{2} = 1\,572 \text{ W.}$$

b) $\dfrac{2 \times 1\,572}{0{,}94} = 3\,345$ W.

c) $\dfrac{2 \times 1\,572}{4\,000} = 0{,}79$.

Exercice V

1) $Fe^{2+} + 2e^- \longleftrightarrow Fe$;

$Zn^{2+} + 2e^- \longleftrightarrow Zn$;

$Sn^{2+} + 2e^- \longleftrightarrow Sn$.

2) Le zinc est oxydé par l'ion Fe^{2+} : $Fe^{2+} + Zn \rightarrow Fe + Zn^{2+}$.

3) Le fer est oxydé par l'ion Sn^{2+} : $Fe + Sn^{2+} \rightarrow Fe^{2+} + Sn$.

4) En présence de zinc, le fer n'est pas oxydé.

CORRIGÉ DU SUJET N° 16

AVANT DE COMMENCER

Revoir l'utilisation des abaques. La classification des hydro-carbures.

MATHÉMATIQUES

Exercice I

Partie A

1) Les coordonnées du point M sont de la forme $(x\ ;f(x))$: $1\,500 = 2\,500 \times a_1$; $a = 0{,}6$.

2) a)

x	0,64	0,75	1	1,25	1,50	1,75	2
$y = f(x)$	1 800	1 700	1 500	1 320	1 160	1 020	900

b) Voir le graphique page 180.

c) Nous lisons sur le graphique l'abscisse du point de la courbe dont l'ordonnée est 1 250 : 1,36.

d) $2\,500 \times 0{,}6^x = 1\,250$ s'écrit encore : $0{,}6^x = 0{,}5$, ou $x \ln 0{,}6 = \ln 0{,}5$;
$x = \dfrac{\ln 0{,}5}{\ln 0{,}6}$.

e) $\dfrac{\ln 0{,}5}{\ln 0{,}6} \approx 1{,}36$; nous retrouvons bien le résultat du **c)** ;
en effet les solutions de l'équation $2\,500 \times 0{,}6^x = 1\,250$ sont les abscisses des points de la courbe dont l'ordonnée est 1 250.

3) a) 1 500 kg.

b) $P = 1\,500 \times \dfrac{120}{100} = 1\,800$ kg ; la charge maximale est $f(0{,}64)$.

c) Voir le graphique.

4) a) Le point de coordonnées (1,2 ; 1 400) se trouve au-dessus de l'abaque, le hayon ne peut pas soulever cette charge dans ces conditions.

b) Le point de coordonnées (1,5 ; 1 000) est au-dessous de l'abaque, le hayon peut soulever la charge.

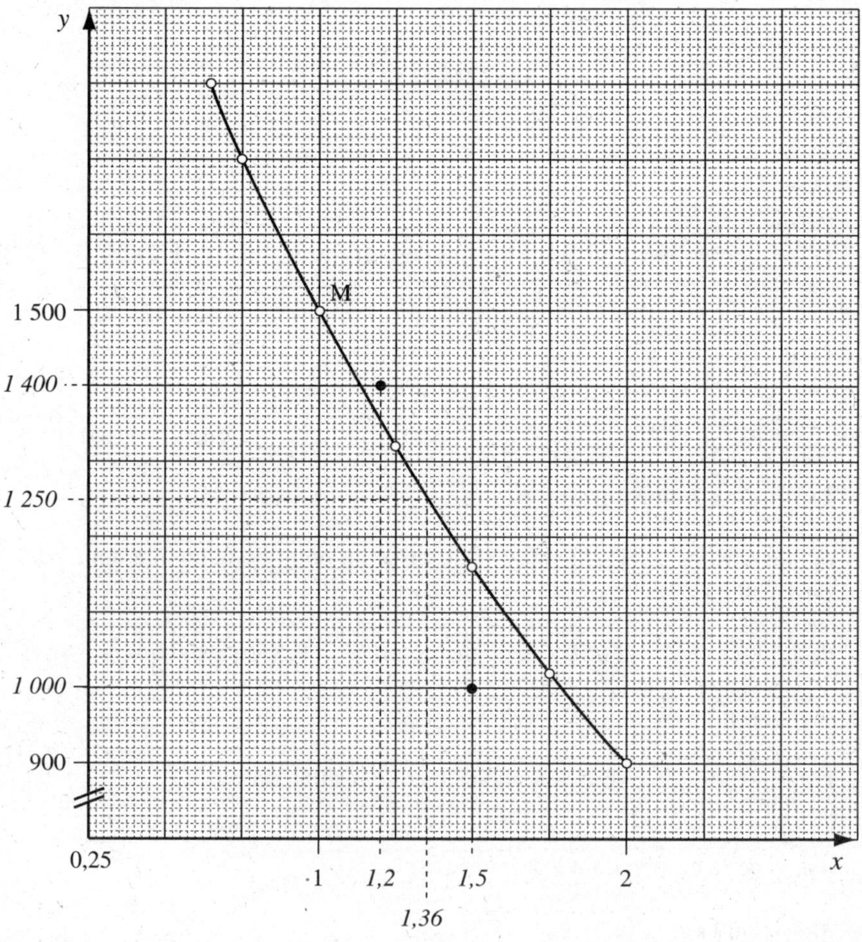

Partie B

1) La longueur OA reste constante, A décrit donc un arc de cercle de centre O et de rayon 900 mm.
Voir le graphique.

Les cotes sont en mm.
AB = A′B′
OA = OA′

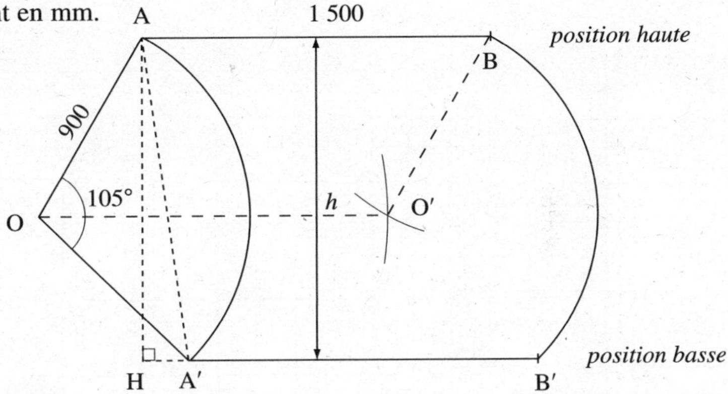

2) Voir le graphique.

3) a) OAA′ est un triangle isocèle car OA = OA′.

b) Soit I le milieu de AA′, dans le triangle isocèle OAA′, la droite OI est médiane, hauteur et bissectrice. Dans le triangle rectangle OAI, nous pouvons écrire :
$IA = OA \times \sin \widehat{IOA}$; $IA = 900 \times \sin 52{,}5° \approx 714$, $AA' \approx 2 \times 714 \approx 1\,428$ mm.

c) Dans le triangle rectangle AHA′, nous appliquons le théorème de Pythagore :
$AA'^2 = HA^2 + HA'^2$; $HA^2 = 1\,428^2 - 282^2 = 1\,959\,660$; $HA = h \approx 1\,400$ mm.

Exercice II

1) Moyenne du parc « diesel » sur les trois premières années :
$$\frac{22{,}7 + 25{,}3 + 25{,}3}{3} = \frac{73{,}3}{3} = 24{,}4\ ;$$
le point A a pour coordonnées (2 ; 24,4).

Moyenne du parc « diesel » sur les trois dernières années :
$$\frac{29{,}4 + 30{,}9 + 32}{3} = \frac{92{,}3}{3} = 30{,}8\ ;$$
les coordonnées du point B sont (5 ; 30,8).

2) Voir le graphique.

3) Nous lisons sur le graphique l'ordonnée du point de la droite (AB) dont l'abscisse est 8 : 37,2 ; le parc de diesel prévisible en 2000 représentera 37,2 % du parc auto.

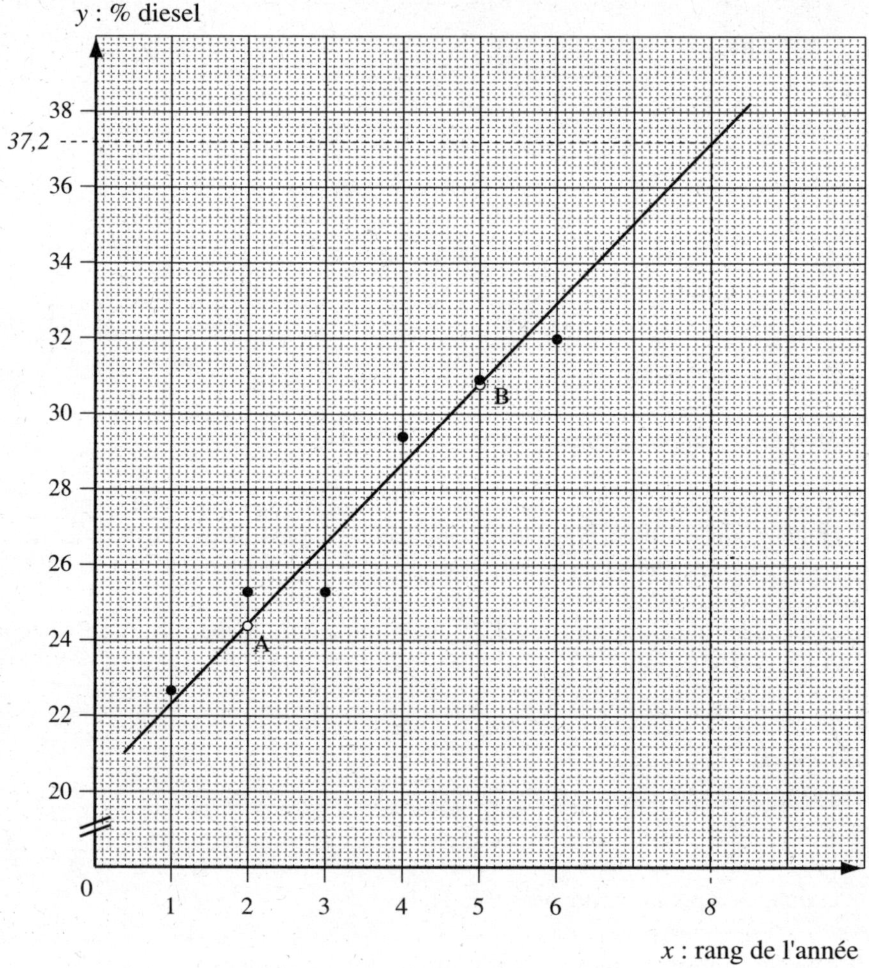

SCIENCES PHYSIQUES

Exercice III

1) C_2H_4 est un alcène ($4 = 2 \times 2$) dont le radical est « éth » ($n = 2$) : éthène, appelé aussi éthylène.

2) C_2H_3Cl.

3) $2 \times 12 + 3 \times 1 + 1 \times 35{,}5 = 62{,}5\ g \cdot mol^{-1}$.

4) Polyaddition.

5) $M = 2\,000 \times 62{,}5 = 125\,000\ g \cdot mol^{-1}$.

Exercice IV

1) Tensions et intensités sont liées par la relation :

$$U_1I_1 = U_2I_2\ ;\ I_2 = \frac{240 \times 40}{30} = 320\ A.$$

2) $\boxed{b}$.

3) $\boxed{a}$.

4) $1{,}8 \cdot 10^7$ Pa.

CORRIGÉ DU SUJET N° 17

AVANT DE COMMENCER

Revoir les coordonnées d'un vecteur, le produit scalaire de deux vecteurs et quelques constructions géométriques de base.

MATHÉMATIQUES

Exercice I

1) a) A (750 ; 0) ; B (800 ; 160) ; C (750 ; 320) ; D (0 ; 320).

b) Voir le graphique.

c) I est le point de rencontre des médiatrices de [AB] et [AC].

d) Voir le graphique.

e) Nous lisons sur le graphique l'abscisse du point I : 520 ; le point est par ailleurs à la même hauteur que le milieu de [AC] ou que B. Son ordonnée est 160.
I (520 ; 160).

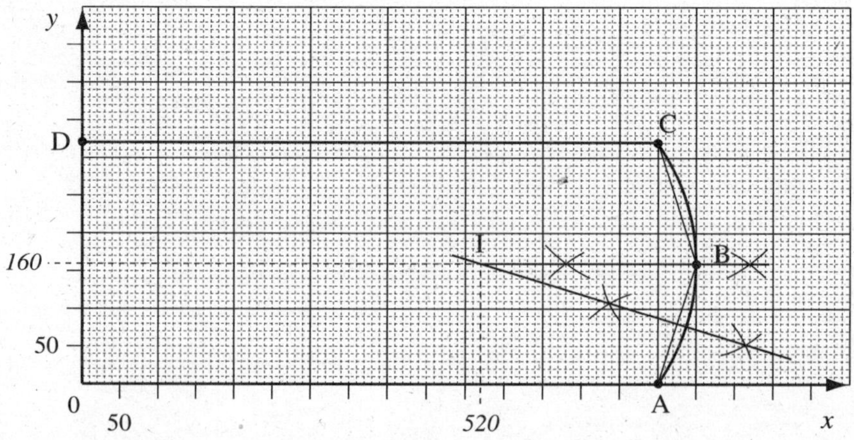

2) a) Coordonnées du vecteur $\overrightarrow{AB}$: $(x_B - x_A \,;\, y_B - y_A) = (50 \,;\, 160)$.

Coordonnées du point E, milieu de [AB] : $\left(\dfrac{x_B + x_A}{2} \,;\, \dfrac{y_B + y_A}{2}\right) = (775 \,;\, 80)$.

b) Coordonnées de $\overrightarrow{EI}$: $(x - 775 \,;\, 160 - 80) = (x - 775 \,;\, 80)$.

c) $\overrightarrow{AB} \cdot \overrightarrow{EI} = 50(x - 775) + 160 \times 80 = 50x - 25\,950$.

d) (EI) est la médiatrice de [AB], les vecteurs $\overrightarrow{AB}$ et $\overrightarrow{EI}$ sont orthogonaux et leur produit scalaire est nul :
$50x - 25\,950 = 0 \,;\, x = 519$.

e) Le rayon de l'arc de cercle est la distance BI : $800 - 519 = 281$ mm.

Exercice II

1) a) $425\,000 \times \dfrac{85}{100} = 361\,250$ F.

b) $361\,250 \times \dfrac{85}{100} = 307\,062{,}50$ F.

2) $u_n = 361\,250 \times 0{,}85^{n-1}$.

3)

n	1	2	3	4	5	6	7
u_n	361 250	307 063	261 003	221 853	188 575	160 289	136 245

4) $425\,000 \times \dfrac{40}{100} = 170\,000$;

l'entreprise se séparera de la machine après 6 ans d'utilisation.

SCIENCES PHYSIQUES

Exercice III

1) a) 400 V est la mesure de la tension d'utilisation de la machine.
50 Hz est la fréquence du courant alternatif utilisé.
15 A est la mesure de l'intensité efficace du courant.
P_u est la puissance utile de la machine.
cos φ est le facteur de puissance.

b) $P = UI\sqrt{3}\cos\varphi = 400 \times 15 \times \sqrt{3} \times 0{,}8 \approx 8\,314$ W.

c) $\dfrac{5\,820}{8\,314} \approx 0{,}70$.

2) Nous appliquons la formule : $L = 10 \log \dfrac{0{,}2}{10^{-12}} = 10(\log 0{,}2 + 12)$;
$L \approx 113$ dB.

CORRIGÉ DU SUJET N° 18

AVANT DE COMMENCER

Revoir les nombres complexes et la fonction exponentielle.

MATHÉMATIQUES

Exercice I

1) a) Voir le graphique.

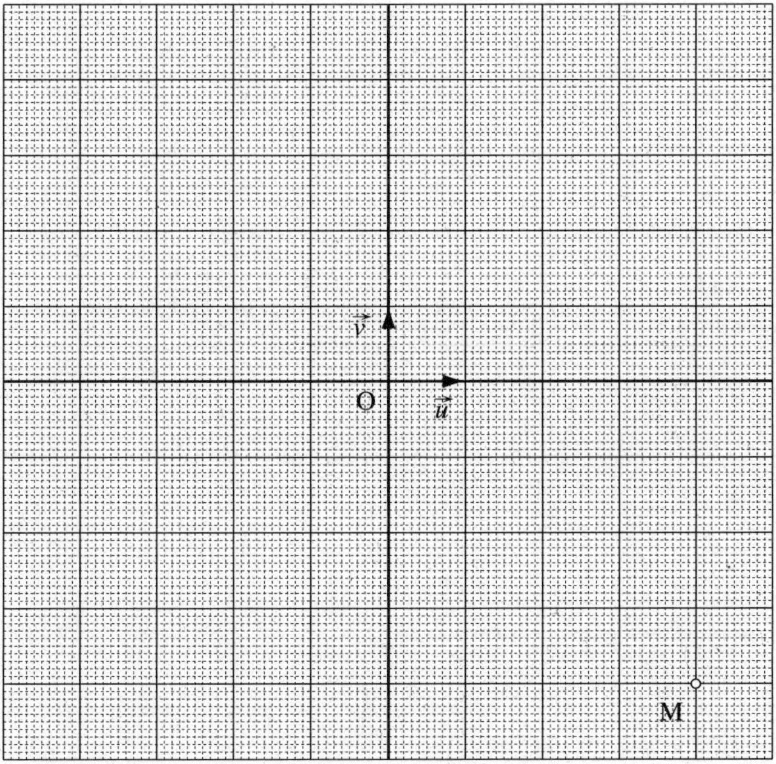

b) (4 ; − 4).

2) a) $|z|^2 = 4^2 + (-4)^2 = 32$; $|z| = 4\sqrt{2}$.

b) L'argument θ de z est déterminé par les relations :

$\cos\theta = \dfrac{4}{4\sqrt{2}} = \dfrac{\sqrt{2}}{2}$; $\sin\theta = \dfrac{-4}{4\sqrt{2}} = -\dfrac{\sqrt{2}}{2}$; $\theta = -\dfrac{\pi}{4}$.

3) a) $\|\overrightarrow{OM}\| = |z| = 4\sqrt{2}$.

b) $(\widehat{\vec{u}, \overrightarrow{OM}}) = \text{Arg } z = -\dfrac{\pi}{4}$.

4) a) Période : $\dfrac{2\pi}{100\pi} = 0{,}02$.

b) $u\left(\dfrac{1}{400}\right) = 4\sqrt{2}\sin\left(100\pi\dfrac{1}{400} - \dfrac{\pi}{4}\right) = 4\sqrt{2}\sin 0 = 0$.

Exercice II

I – Dans l'expression de i, nous substituons à E, R et L leur valeur :
$i = 1{,}5(1 - e^{-60t})$.

II – 1)

t	0	0,01	0,02	0,04	0,06	0,08	0,1
Valeur de $f(t)$ arrondie à 10^{-2}	0	0,68	1,05	1,36	1,46	1,49	1,50

2) $f'(t) = 1{,}5 \times (-(-60 \times e^{-60t}) = 90\,e^{-60t}$.

3) $f'(t)$ est toujours positif, la fonction f est croissante sur l'intervalle [0 ; 0,1].

x	0	0,1
$f'(t)$	+	
$f(t)$	0 ↗	1,5

4) Voir le graphique page 189.

5) a) La fonction étant croissante sur [0 ; 0,1], la plus grande valeur atteinte sur cet intervalle est $f(0,1) = 1,5 \times (1 - e^{-6})$.

b) $\dfrac{1,5(1 - e^{-6})}{2} \approx 0,75$.

6) a) Nous lisons sur le graphique, l'abscisse du point de la courbe dont l'ordonnée est 0,75 : 0,012.

b) L'équation $1,5\,(1 - e^{-60t}) = 0,75$ s'écrit encore : $e^{-60t} = \dfrac{0,75 - 1,5}{-1,5} = \dfrac{1}{2}$.

c) Nous appliquons la fonction ln aux deux membres de la dernière équation obtenue :

$-60t = \ln\dfrac{1}{2}$; $60t = \ln 2$; enfin $t = \dfrac{\ln 2}{60}$.

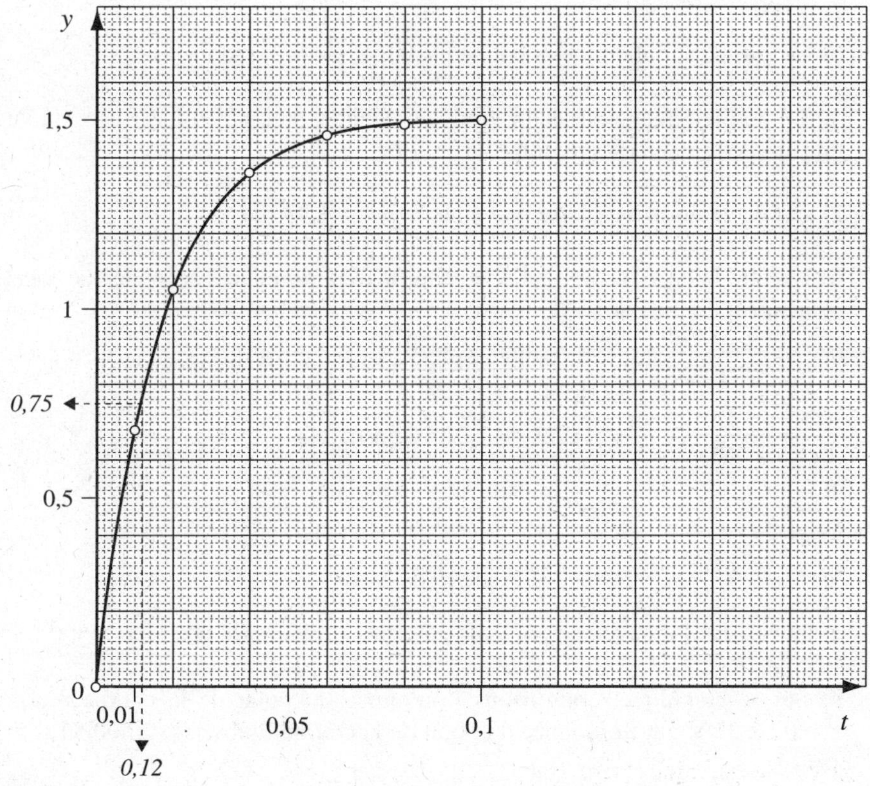

d) $\frac{\ln 2}{60} = 0{,}012.$

III – 1) La variation de l'intensité est représentée par une fonction croissante, l'intensité maximale est obtenue en fin de période, sa valeur est 1,5 A.

2) L'événement « l'intensité atteint la moitié de l'intensité maximale » est représenté sur le graphique par le point étudié dans les questions précédentes dont les coordonnées sont (0,012 ; 0,75) ; l'intensité 0,75 A est atteinte après 0,012 s.

SCIENCES PHYSIQUES

Exercice III

1) a) $\frac{30}{60} = 0{,}5$; la fréquence de rotation de la poulie est 0,5 $\text{tr} \cdot \text{s}^{-1}$.

b) La vitesse angulaire de la poulie est $0{,}5 \times 2\pi = \pi$ $\text{rad} \cdot \text{s}^{-1}$.

c) La poulie effectue un demi-tour par seconde, soit $\pi \times 0{,}1$ $\text{m} \cdot \text{s}^{-1}$; la vitesse linéaire de montée est environ 0,31 $\text{m} \cdot \text{s}^{-1}$.

2) a) Accélération angulaire moyenne : $\frac{\pi}{2{,}2} \approx 1{,}43$ $\text{rad} \cdot \text{s}^{-2}$.

b) L'angle balayé par la poulie pendant les 2,2 premières secondes de fonctionnement est donné par :

$\theta = \frac{1}{2} \times \frac{\pi}{2{,}2} \times 2{,}2^2$; θ étant en radians, ce qui correspond, en tours à :

$$\frac{\theta}{2\pi} = \frac{1}{2 \times 2\pi} \times \frac{\pi}{2{,}2} \times 2{,}2^2 = \frac{2{,}2}{4} = 0{,}55 \text{ tr.}$$

Exercice IV

1) Entrée : éclairement ; sortie : tension.

2) La courbe d'étalonnage coïncide avec une droite entre 600 lx et 4 500 lx.

3) Sur le graphique, nous lisons l'ordonnée du point de la courbe d'abscisse 1 500 : 1,25 V ; et l'ordonnée du point de la courbe d'abscisse 2 500 : 1,8 V.

CORRIGÉ DU SUJET N° 19

AVANT DE COMMENCER

Revoir la notion d'énergie, et le principe de conservation de l'énergie. La résolution d'une équation du second degré.

MATHÉMATIQUES

Exercice I

Partie I

1) a) $10 \times 9 = 90$ cm^2.

b) $\frac{1}{2} \times 7 \times (9 - 7) = 7$ cm^2.

c) $90 - 7 = 83$ cm^2.

2) a) $GH = IH - IG = 9 - x$.

b) $B(x) = \frac{1}{2} CH \times GH = \frac{1}{2} x (9 - x)$.

c) $A(x) = 9 \times 10 - B(x)$;
$A(x) = 0{,}5x^2 - 4{,}5x + 90$.

Partie II

1) $f'(x) = x - 4{,}5$.

2) L'équation $f'(x) = 0$ s'écrit aussi : $x - 4{,}5 = 0$, ou encore $x = 4{,}5$.

3)

x	0		4,5		9
$f'(x)$		−	0	+	
$f(x)$	90	↘	79,875	↗	90

4)

x	0	1	2	3	4	5	6	7	8	9
$f(x)$	90	86	83	81	80	80	81	83	86	90

5) Voir le graphique ci-dessous.

Partie III

1) a) Sur le graphique, nous lisons les abscisses des points de la courbe dont l'ordonnée est 84 ; il y a deux tels points, qui ont pour abscisse : 1,65 et 7,4.

b) La courbe représente les variations de A(x) en fonction de x. L'événement « la surface hachurée mesure 84 cm^2 » est représenté par les points de la courbe dont l'ordonnée est 84 ; les abscisses correspondantes représentent les valeurs de x ; nous avons trouvé 1,65 cm et 7,4 cm.

2) a) A(x) = 84 s'écrit : $0{,}5x^2 - 4{,}5x + 90 = 84$ ou $0{,}5x^2 - 4{,}5x + 6 = 0$.

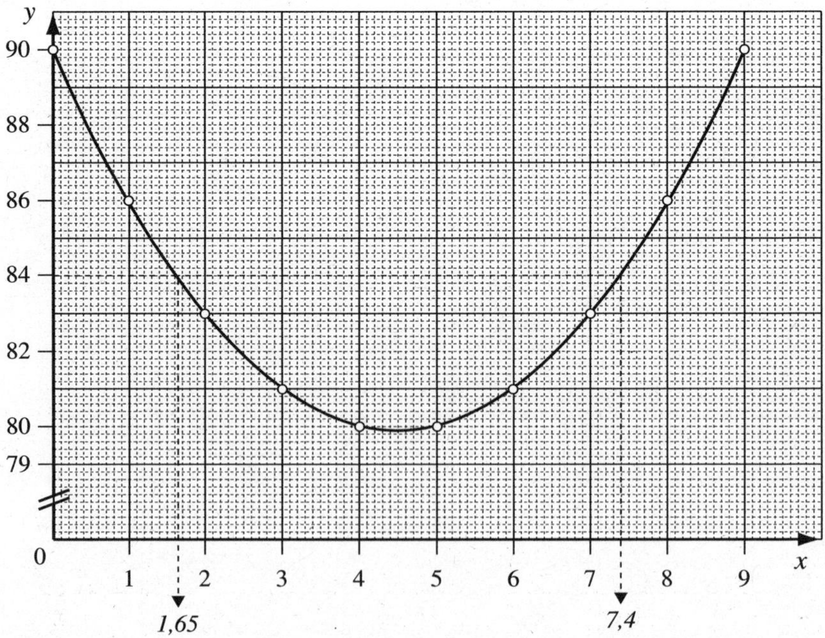

b) Cette équation du second degré a pour discriminant :
$\Delta = 4{,}5^2 - 4 \times 0{,}5 \times 6 = 20{,}25 - 12 = 8{,}25$;

les racines de l'équation sont : $x_1 = \dfrac{4{,}5 - \sqrt{8{,}25}}{2 \times 0{,}5} \approx 1{,}63$ cm ;

$$x_2 = \frac{4{,}5 + \sqrt{8{,}25}}{2 \times 0{,}5} \approx 7{,}37 \text{ cm.}$$

Ces résultats confirment et précisent les valeurs trouvées par lecture graphique.

Exercice II

1) Voir le graphique ci-dessous.

2) Le point moyen a pour coordonnées : en abscisse, la moyenne des abscisses ; en ordonnée, la moyenne des ordonnées, soit

$$x = \frac{-11 - 6 - 3 + 0 + 6 + 8}{6} = -1 ;$$

$$y = \frac{510 + 400 + 350 + 320 + 220 + 180}{6} = 330.$$

3) a) Voir le graphique.

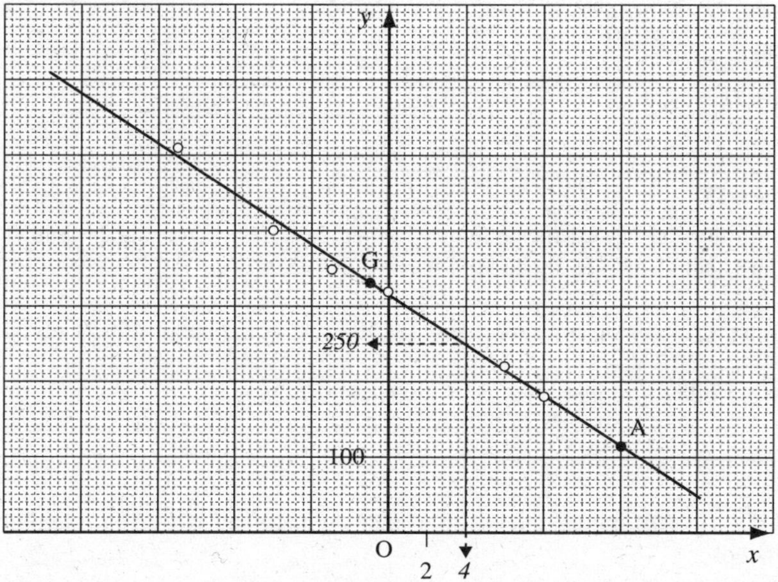

b) $\dfrac{y-114}{x-12} = \dfrac{330-114}{-1-12}$; $y = 114 - \dfrac{216}{13}x + \dfrac{12 \times 216}{13}$;
$y = -16{,}6x + 313$.

4) a) Nous lisons sur le graphique l'abscisse du point de la droite d'ordonnée 250 : 4 ; la température moyenne était de 4 °C.

b) Pour $x = -15$, $y = -16{,}6 \times (-15) + 313$; $y = 562$; consommation : 562 L.

SCIENCES PHYSIQUES

Exercice III

1) $E_m = E_c + E_p$; l'énergie potentielle est nulle au départ de la fusée ;
$E_m = E_c = \dfrac{1}{2}\,0{,}12 \times 80^2$;
$E_m = 384$ J.

2) Au sommet de sa trajectoire, la vitesse de la fusée est nulle, l'énergie mécanique est donc égale à l'énergie potentielle :
$E_{m_2} = 0{,}12 \times 10 \times h = 1{,}2h$.

3) $1{,}2h = 384$; $h = \dfrac{384}{1{,}2} = 320$ m.

Exercice IV

1) La tension U_R est mesurée aux bornes de la résistance, sur la voie B ; la tension U est visualisée sur la voie A.

2) a) La tension mesurée sur la voie A correspond à 3,4 divisions soit $3{,}4 \times 5 = 17$ V.
La période est représentée par 5 divisions soit 25 ms.

b) $\varphi = 2\pi \dfrac{\Delta t}{T} = 2\pi \dfrac{5}{25} = \dfrac{2\pi}{5}$ rad.

c) φ est positif, la tension est en avance de phase sur l'intensité ; le dipôle D est une bobine.

CORRIGÉ DU SUJET N° 20

AVANT DE COMMENCER

Revoir les notions de base de statistiques et le moment d'une force.

MATHÉMATIQUES

Exercice I

1) $(2 \times 6) \times (10 - 6) = 12 \times 4 = 48 \text{ m}^2$.

2) $2x\,(10 - x) = -\,2x^2 + 20x$.

3) $S'(x) = -\,4x + 20$.

4)

x	0		5		10
$S'(x)$		+	0	−	

5) a)

x	0		5		10
$S'(x)$		+	0	−	
$S(x)$	0	↗	50	↘	0

b) $S(x)$ est maximale lorsque $x = 5$, en effet S est croissante avant, et décroissante après. La valeur maximum atteinte par $S(x)$ est $-\,2 \times 5^2 + 20 \times 5 = 50$.

6)

x	0	1	2	3	4	5	6	7	8	9	10
$S(x)$	0	18	32	42	48	50	48	42	32	18	0

7) Voir le graphique ci-dessous.

8) a) Nous lisons sur le graphique les abscisses des points de la courbe dont l'ordonnée est 37,5. Il y a deux tels points, d'abscisse respective : 2,5 ; 7,5.

b) L'équation $-2x^2 + 20x = 37{,}5$ s'écrit encore : $-2x^2 + 20x - 37{,}5 = 0$; nous calculons son discriminant : $20^2 - 4 \times (-2) \times (-37{,}5) = 100 = 10^2$.

Les solutions de l'équation sont : $x_1 = \dfrac{-20 + 10}{-4} = 2{,}5$

et $x_2 = \dfrac{-20 - 10}{-4} = 7{,}5$.

Ces résultats confirment la lecture du graphique faite précédemment.

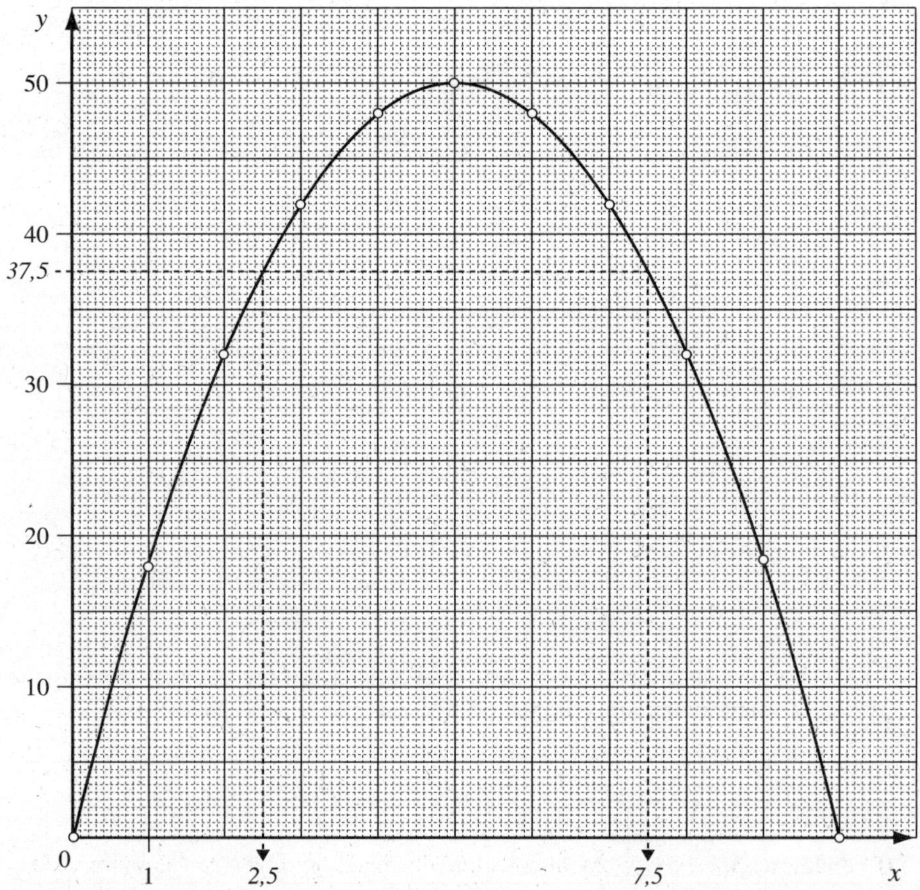

Exercice II

1) a) $\bar{x} = \dfrac{2 \times 246 + 8 \times 248 + 11 \times 250 + 6 \times 252 + 3 \times 254}{30} = 250$;

le diamètre moyen est = 250 mm.

b) $V = \dfrac{2 \times 246^2 + 8 \times 248^2 + 11 \times 250^2 + 6 \times 252^2 + 3 \times 254^2}{30} - \bar{x}^2$;

$V \approx 4{,}53$; $\sigma = \sqrt{V} \approx 2$ mm.

2) a) $\bar{x} - \sigma = 248$ mm ; $\bar{x} + \sigma = 252$ mm.

b) Les effectifs sont supposés régulièrement répartis : il y a 4 tuyaux dont le diamètre est compris entre 248 mm et 249 mm, il y a 11 tuyaux dont le diamètre est compris entre 249 mm et 251 mm, il y a 3 tuyaux dont le diamètre est compris entre 251 mm et 252 mm, soit 4 + 11 + 3 = 18 tuyaux qui ont un diamètre intérieur compris entre 248 mm et 252 mm.
$\dfrac{18}{30} \times 100 = 60$ %.

SCIENCES PHYSIQUES

Exercice III

1) a) Moment M_1 de $\vec{P}_1$ par rapport à Δ : $12\,000 \times 2 = 24\,000$ N · m ;
moment M_2 de $\vec{P}_2$ par rapport à Δ : $6\,000 \times 2{,}1 = 12\,600$ N · m ;
moment M_3 de $\vec{P}_3$ par rapport à Δ : $3\,000 \times 1{,}2 = 3\,600$ N · m.
En tenant compte des signes, le moment résultant M est :
$M = 24\,000 - 12\,600 - 3\,600 = 7\,800$ N · m.

b) Il y a basculement si $M_1 - M_2 - M_3 < 0$. Soit $24\,000 < M_2 + 3\,600$ ou

$M_2 > 20\,400$; ou encore $P_2 > \dfrac{20\,400}{2{,}1} = 9\,714$.

Il y a basculement si la charge P_2 dépasse 9 714 N.

2) a) Le chargeur passe en 40 s de 0 à 36 km · h^{-1} = 10 m · s^{-1} ;

son accélération est : $\dfrac{10}{40} = 0{,}25$ m · s^{-2}.

b) $v = 0{,}25t$; $x = 0{,}125t^2$.

c) $x = 0{,}125 \times 40^2 = 200$ m.

3) Le ciment est essentiellement constitué de chaux ou oxyde de calcium : CaO.

CORRIGÉ DU SUJET N° 21

AVANT DE COMMENCER

Revoir la mesure des angles, les lignes trigonométriques et l'utilisation des abaques.

MATHÉMATIQUES

Exercice I

1) Dans le triangle rectangle ABC, nous pouvons écrire :

$\sin x = \dfrac{AB}{BC}$; $AB = L \times \sin x$.

2) $y = 185 - AB$; $y = 185 - L \sin x$.

Exercice II

A) 1) Nous lisons sur le graphique l'ordonnée du point de C_1 d'abscisse 30 : 126.

2) $185 - 118 \times \sin 30° = 126$; ce qui confirme le résultat précédent.

3) Nous lisons sur le graphique l'abscisse du point de C_1 dont l'ordonnée est 83 : 60.

B) 1) Pour $x = 20$, $y = 185 - 160 \sin 20° \approx 130$.

2) a)

x	20	25	30	35	40	45	50	60	70	80
$x°$	20°	25°	30°	35°	40°	45°	50°	60°	70°	80°
$\sin(x°)$	0,342	0,423	0,500	0,574	0,643	0,707	0,766	0,866	0,940	0,985
$g(x)$	130	117	105	93	82	72	62	46	35	27

b) Voir le graphique page 199.

C) Voir le graphique.

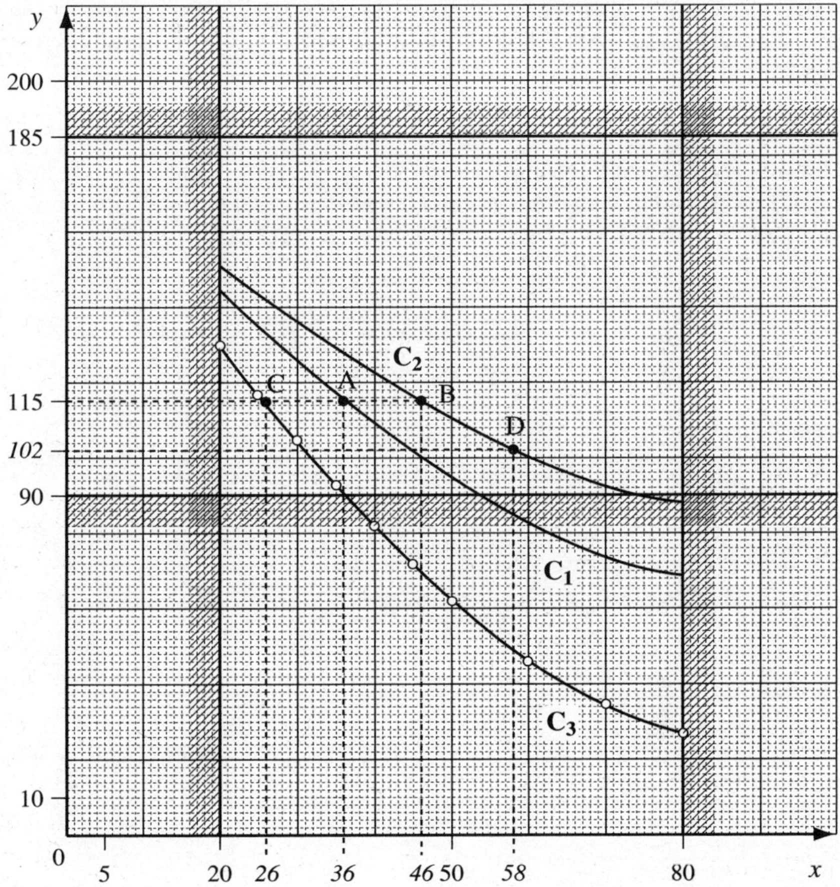

Exercice III

1) a) Sur le graphique, nous lisons les abscisses respectives des points A, B et C des courbes C_1, C_2 et C_3 qui ont pour ordonnée 115 :

A (36) ;

B (26) ;

C (46).

b) $115 = 185 - 160 \sin x$; $\sin x = \dfrac{115 - 185}{-160} = 0{,}4375$;

$x \approx 26°$; ce qui confirme la lecture graphique.

2) a) Nous lisons sur le graphique les ordonnées des points des courbes C_1, C_2 et C_3 dont l'abscisse est 58. Seul le point de C_3 respecte la contrainte $90 < y$; la valeur lue de y est alors 102,
L = 102 cm.

b) Il faut choisir une fenêtre « modèle 3 » car seul un point de C_3 convient. Le modèle C a une aire légèrement inférieure à 1 m^2 (0,92 m^2) ; l'aire du modèle D est $0{,}98 \times 134 = 1{,}31$ m^2 qui est relativement éloignée de 1 m^2.

SCIENCES PHYSIQUES

Exercice IV

1) a) K exprime l'énergie transmise par unité de surface. Plus K est petit, plus le produit est isolant.

b) $0{,}94 \times 160 = 1{,}5$ m^2.

c) $P = 1{,}8 \times 1{,}5 \times 15 = 40{,}5$ W.

2) a) $E = \dfrac{\Phi}{S} = \dfrac{4\,500}{1{,}60 \times 0{,}65} \approx 4\,327$ lx.

b) Chaque lampe ayant une efficacité de 21 $lm \cdot W^{-1}$, pour obtenir 4 500 lm, il faut $\dfrac{4\,500}{21} \approx 214{,}3$ W, soit, chaque lampe ayant une puissance de 75 W :
$\dfrac{214{,}3}{75}$; 3 lampes.

3) a) $O_2 + 4H^+ + 2Zn \rightarrow 2Zn^{2+} + 2H_2O$
$3O_2 + 12H^+ + 4Al \rightarrow 4Al^{3+} + 6H_2O$

b) Le zinc et l'aluminium ont un faible pouvoir oxydant mais ils sont protégés par leur propre oxyde ; par ailleurs, ils sont faciles à travailler.

FORMULAIRE DE MATHÉMATIQUES DU BACCALAURÉAT PROFESSIONNEL
Secteur industriel

Fonction f	**Dérivée f'**
$f(x)$	$f'(x)$
$ax + b$	a
x^n	nx^{n-1}
$\frac{1}{x}$	$-\frac{1}{x^2}$
$\sqrt{x}$	$\frac{1}{2\sqrt{x}}$
$u(x) + v(x)$	$u'(x) + v'(x)$
$\ln x$	$\frac{1}{x}$
e^x	e^x
e^{ax}	$a\,e^{ax}$
$\sin x$	$\cos x$
$\cos x$	$-\sin x$
$\sin(ax + b)$	$a\cos(ax + b)$
$\cos(ax + b)$	$-a\sin(ax + b)$

Logarithme népérien : ln

$\ln(ab) = \ln a + \ln b$;

$\ln(a^n) = n\ln a$;

$\ln\left(\frac{a}{b}\right) = \ln a - \ln b$.

Équation du second degré

$ax^2 + bx + c = 0$

$\Delta = b^2 - 4ac$

• Si $\Delta > 0$, deux solutions réelles :

$x_1 = \frac{-b + \sqrt{\Delta}}{2a}$ et $x_2 = \frac{-b - \sqrt{\Delta}}{2a}$

• Si $\Delta = 0$, une solution réelle double :

$x_1 = x_2 = -\frac{b}{2a}$

• Si $\Delta < 0$, aucune solution réelle :

Si $\Delta \geqslant 0$, $ax^2 + bx + c = a(x - x_1)(x - x_2)$

Suites arithmétiques

Terme de rang 1 : u_1 ; raison r.

Terme de rang n : $u_n = u_1 + (n - 1)r$.

Somme des k premiers termes :

$u_1 + u_2 + \ldots + u_k = \frac{k(u_1 + u_k)}{2}$

Suites géométriques

Terme de rang 1 : u_1 ; raison q.

Terme de rang n : $u_n = u_1 q^{n-1}$

Somme des k premiers termes :

$u_1 + u_2 + \ldots + u_k = u_1\frac{1 - q^k}{1 - q}$

Trigonométrie

$\sin(a + b) = \sin a\cos b + \sin b\cos a$

$\cos(a + b) = \cos a\cos b - \sin b\sin a$

$\cos 2a = 2\cos^2 a - 1$

$\qquad = 1 - 2\sin^2 a$

$\sin 2a = 2\sin a\cos a$

Statistiques

Effectif total : $\mathrm{N} = \sum_{i=1}^{p} n_i$

Moyenne : $\bar{x} = \frac{\sum_{i=1}^{p} n_i x_i}{\mathrm{N}}$

Variance : $\mathrm{V} = \frac{\sum_{i=1}^{p} n_i (x_i - \bar{x})^2}{\mathrm{N}}$

$\mathrm{V} = \frac{\sum_{i=1}^{p} n_i x_i^2}{\mathrm{N}} - \bar{x}^2$

Écart type : $\sigma = \sqrt{\mathrm{V}}$

Exam'pro mathématiques
BAC PRO (secteur industriel)

Relations métriques dans le triangle rectangle

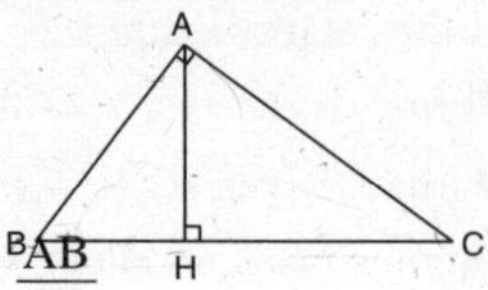

$AB^2 + AC^2 = BC^2$

$\sin \widehat{B} = \dfrac{AC}{BC}$;

$\cos \widehat{B} = \dfrac{AB}{BC}$;

$\tan \widehat{B} = \dfrac{AC}{AB}$;

Résolution de triangle

$\dfrac{a}{\sin \widehat{A}} = \dfrac{b}{\sin \widehat{B}} = \dfrac{c}{\sin \widehat{C}} = 2R$;

R : rayon du cercle circonscrit.

$a^2 = b^2 + c^2 - 2bc \cos \widehat{A}$

Aires dans le plan

Triangle : $\dfrac{1}{2} bc \sin \widehat{A}$

Trapèze : $\dfrac{1}{2}(B + b)h$

Disque : πR^2

Aires et volumes dans l'espace

Cylindre de révolution ou ***Prisme droit*** d'aire de base B et de hauteur h :

Volume : Bh

Sphère de rayon R :

Aire : $4\pi R^2$.

Volume : $\dfrac{4}{3}\pi R^3$

Cône de révolution ou ***Pyramide*** d'aire de base B et de hauteur h :

Volume : $\dfrac{1}{3} Bh$

Calcul vectoriel dans le plan – dans l'espace

$\vec{v} \cdot \vec{v'} = xx' + yy'$

$\vec{v} \cdot \vec{v'} = xx' + yy' + zz'$

$\|\vec{v}\| = \sqrt{x^2 + y^2}$

$\|\vec{v}\| = \sqrt{x^2 + y^2 + z^2}$

Si $\vec{v} \neq \vec{0}$ et $\vec{v'} \neq \vec{0}$:

$\vec{v} \cdot \vec{v'} = \|\vec{v}\| \cdot \|\vec{v'}\| \cos (\vec{v}, \vec{v'})$;

$\vec{v} \cdot \vec{v'} = 0$ si et seulement si $\vec{v} \perp \vec{v'}$

Formule d'intégration par parties

$$\int_a^b u(x)v'(x)\,dx = \Big[u(x)v(x)\Big]_a^b - \int_a^b u'(x)v(x)\,dx$$

Équations différentielles

$y' - ay = 0 \qquad y = k\,e^{ax}$;

$y'' + x^2 y = 0 \qquad y = a \cos \omega x + b \sin \omega x.$

Dénombrements

Factorielle

$0! = 1! = 1$;

$n! = 1 \times 2 \times \ldots \times n$

$C_n^p = \dfrac{n!}{p!\,(n-p)!}$

Loi binômiale

$\text{Prob}(X = k) = C_n^k p^k (1 - p)^{n-k}$

Produit vectoriel dans l'espace

$$\vec{v} \wedge \vec{v'} \quad \begin{matrix} yz' - y'z \\ zx' - z'x \\ xy' - x'y \end{matrix}$$

Achevé d'imprimer en août 2000
dans les ateliers de Normandie Roto Impressions s.a., 61250 Lonrai
N° d'imprimeur : 001946 - Dépôt légal : août 2000